Uni-Taschenbücher 1660

Eine Arbeitsgemeinschaft der Verlage

Wilhelm Fink Verlag München
Gustav Fischer Verlag Jena und Stuttgart
Francke Verlag Tübingen
Paul Haupt Verlag Bern · Stuttgart · Wien
Hüthig Verlagsgemeinschaft
Decker & Müller GmbH Heidelberg
Leske Verlag + Budrich GmbH Opladen
J. C. B. Mohr (Paul Siebeck) Tübingen
Quelle & Meyer Heidelberg · Wiesbaden
Ernst Reinhardt Verlag München und Basel
F. K. Schattauer Verlag Stuttgart · New York
Ferdinand Schöningh Verlag Paderborn · München · Wien · Zürich
Eugen Ulmer Verlag Stuttgart
Vandenhoeck & Ruprecht in Göttingen und Zürich

Heinz Vater

Einführung in die Textlinguistik

Struktur, Thema und Referenz in Texten

Wilhelm Fink Verlag · München

Die Deutsche Bibliothek – CIP-Einheitsaufnahme

Vater, Heinz:
Einführung in die Textlinguistik: Struktur, Thema und
Referenz in Texten / Heinz Vater. – München: Fink, 1992
 (UTB für Wissenschaft: Uni-Taschenbücher; 1660)
 ISBN 3-7705-2756-9
NE: UTB für Wissenschaft / Uni-Taschenbücher

© 1992 Wilhelm Fink Verlag GmbH & Co. KG
Ohmstraße 5, 8000 München 40

Das Werk einschließlich aller seiner Teile ist urheberrechtlich geschützt. Jede Verwertung außerhalb der engen Grenzen des Urheberrechtsgesetzes ist ohne Zustimmung des Verlages unzulässig und strafbar. Das gilt insbesondere für Vervielfältigungen, Übersetzungen, Mikroverfilmungen und die Einspeicherung und Verarbeitung in elektronischen Systemen.

Printed in Germany
Einbandgestaltung: Alfred Krugmann, Freiberg am Neckar
Herstellung: Ferdinand Schöningh GmbH, Paderborn

ISBN 3-7705-2756-9

Vorwort

Dieses Buch ist eine erweiterte Fassung meiner "Einführung in die Textlinguistik", die 1990 in der Reihe KLAGE (*Kölner Linguistische Arbeiten zur Germanistik*) erschien.

Die Einführung versucht, "Text" aus linguistischer Sicht zu definieren und einen Einblick in die linguistische Textanalyse zu geben. Dabei liegt der Schwerpunkt neben der Darstellung von Textstruktur (einschließlich Thema-Rhema-Gliederung) auf der Beschreibung von Textreferenz, die bisher noch in keinem textlinguistischen Handbuch ausführlich behandelt wurde. Lediglich BEAUGRANDE/DRESSLER 1981 erfassen Referenzbeziehungen von Texten im Zusammenhang mit ihren Netzwerkdarstellungen von Kohärenzbeziehungen.

Von bereits vorliegenden Einführungen in die Textlinguistik - z.B. BRINKER 1988[2], BEAUGRANDE/DRESSLER 1981, SOWINSKI 1983 und HEINEMANN/VIEHWEGER 1991 - unterscheidet sich diese auch dadurch, daß die meisten Kapitel Aufgaben enthalten, durch die der Leser sein Verständnis der behandelten Thematik vertiefen kann und gleichzeitig auf Probleme aufmerksam gemacht wird..

Ich danke Oliver Voß für das gründliche Korrekturlesen und die Mithilfe bei der Erstellung der Bibliographie, Heike Wendland für die Bibliographierung der Quellenangaben, Kathrin Schäfer für die Anfertigung von Abbildungen, meiner Schwester, Ursula Reulke, für die Beschaffung schwer zugänglicher Literatur, und besonders Martin Leser für den unermüdlichen Einsatz beim Formatieren und endgültigen Ausdrucken des Textes sowie Rainer Zons für die Aufnahme des Buchs in die UTB-Reihe. Für wertvolle Hinweise, die unter anderem die Neugestaltung von Kap. 4 zur Folge hatten, bin ich Maximilian Scherner sehr dankbar.

Köln, Januar 1992   Heinz Vater

Inhaltsverzeichnis

1.	Textwissenschaft - Textlinguistik - Text	8
1.1	Textwissenschaft / Textlinguistik	8
1.2	Definition von "Text"	10
1.2.1	"Text" im vorwissenschaftlichen Verständnis	10
1.2.2	"Text" in der Textlinguistik	16
1.2.3	Vorläufiges Fazit	25
1.3	Aufgaben	26
2.	Textualität	31
2.0	Allgemeines	31
2.1	Kohäsion	32
2.2	Kohärenz	41
2.3	Intentionalität	50
2.4	Akzeptabilität	52
2.5	Informativität	55
2.6	Situationalität	57
2.7	Intertextualität	58
2.8	Gesamtheit der Textualitäts-Kriterien	64
2.9	Aufgaben	67
3.	Textthema und Textstruktur	74
3.0	Vorbemerkungen	74
3.1	Der Satz als minimale Struktureinheit von Texten	75
3.2	Mikrostrukturen von Texten	80
3.3	Makrostrukturen von Texten	86
3.3.1	Text als zweidimensionales Gebilde	86
3.3.2	Makrostrukturen und Makroregeln	87
3.4	Textthema und Thema-Rhema-Strukturen	93
3.4.1	Textthema	93
3.4.2	Thema-Rhema-Analyse	96
3.4.3	Thema-Rhema-Analyse von Texten	98
3.5	Aufgaben	103

4.	Referenz in Texten	109
4.0	Vorbemerkungen	109
4.1	Definition von "Referenz"	111
4.1.1	Referenz und Sinn	111
4.1.2	Referenz und Prädikation	114
4.2	Referenztypen	116
4.2.1	Ereignisreferenz	116
4.2.2	Zeitreferenz	121
4.2.3	Ortsreferenz	126
4.2.4	Gegenstandsreferenz	129
4.3	Referenzbeziehungen in Texten	133
4.3.1	Koreferenz	133
4.3.2	Andere Referenzbeziehungen	138
4.3.3	Referentielle Bewegung in Texten	144
4.4	Resümee zur Textreferenz	154
4.5	Aufgaben	155
5.	Textsorten	159
5.1	Zur Definition von "Textsorte"	159
5.2	Kriterien für die Textsortenklassifikation	161
5.3	Subklassifizierung von Gebrauchstexten	164
5.4	Briefsorten	167
5.5	Resümee zur Textsortenklassifikation	171
6.	Zusammenfassung und Ausblick	174
7.	Bibliographie	177
8.	Quellenverzeichnis	200
9.	Sachregister	203

1. Textwissenschaft - Textlinguistik - Text

1.1 Textwissenschaft und Textlinguistik

Mit Texten beschäftigen sich viele wissenschaftliche Disziplinen. VAN DIJK (1980:1ff.) nimmt eine übergreifende interdisziplinäre "Textwissenschaft" an, die sich im Rahmen einzelner Wissenschaften wie Poetik, Rhetorik, Psychologie, Pädagogik, Theologie, Geschichte und Jurisprudenz entwickelt hat.

Natürlich untersucht man in all diesen Wissenschaften Texte unter verschiedenen Gesichtspunkten und mit unterschiedlicher Zielsetzung: In der Theologie geht es um die Auslegung von (religiösen) Texten, in der Jurisprudenz um die Deutung von (Gesetzes-) Texten und ihre Anwendung auf bestimmte Konfliktsituationen, in der Geschichtswissenschaft - die VAN DIJK (1980:13) eine historische Textwissenschaft nennt - um die Herausstellung historischer Konstanten und Variationen von Textsorten und um die sozialen, politischen und kulturellen Umstände ihrer Abfassung. Die Sozialpsychologie befaßt sich mit Beziehungen zwischen bestimmten Textstrukturen und ihren Wirkungen auf Wissen, Meinungen, Haltungen und Handlungen von Individuen, Gruppen oder Institutionen. Die Kognitive Psychologie behandelt unter anderem die "Prozesse, die sich beim Verstehen und Produzieren bestimmter Sprachformen abspielen" (VAN DIJK 1980:7).

Sprach- und Literaturwissenschaft sind natürlich in besonderem Maße mit Texten befaßt, die Literaturwissenschaft ausschließlich, die Sprachwissenschaft neben der Analyse von Sprachsystemen[1].

---

[1] Man kann die Textlinguistik zur Wissenschaft von der "parole" (der Sprachverwendung) rechnen, während ein anderer (nach DE SAUSSURE 1916 zentraler) Teil der Sprachwissenschaft mit dem System der Spra-

VAN DIJK (1980) gliedert die Textwissenschaft folgendermaßen:

Abb.1 *Gliederung der Textwissenschaft*

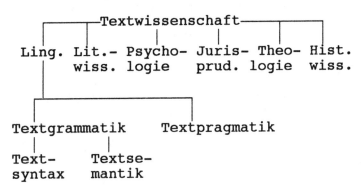

Die Textlinguistik als Teildisziplin der Textwissenschaft sieht es nach BRINKER (1988[2]:8)

> "als ihre Aufgabe an, die allgemeinen Bedingungen und Regeln der Textkonstitution, die den konkreten Texten zugrunde liegen, systematisch zu beschreiben und ihre Bedeutung für die Textrezeption zu erklären."

Darüber hinaus hat die linguistische Textanalyse nach BRINKER (1988[2]:8)

> "zum Ziel, die Struktur, d.h. den grammatischen und thematischen Aufbau, sowie die kommunikative Funktion konkreter Texte transparent zu machen und nachprüfbar darzustellen. Sie kann dadurch Einsichten in die Regelhaftigkeit von Textbildung (Textkonstitution) und Textverstehen (Textrezeption) vermitteln...".

---

che (der "langue") befaßt ist. HJELMSLEV (1943) definiert Text so weit, daß er alle faktischen und möglichen Äußerungen einer Sprache umfaßt (vgl. auch WAWRZYNIAK 1980:36).

Sehr ähnlich definiert auch SOWINSKI (1983:17) die Textlinguistik. Für WAWRZYNIAK (1980:55) ist die Textkonstitution hauptsächlich eine Angelegenheit der Textsyntax; hier geht es um die Mittel, die zur Verknüpfung sprachlicher Elemente im Text verwendet werden. Demgegenüber hat es die Textsemantik nicht nur mit "semantischen Relationen in bereits realisierten ... Texten" zu tun, sondern auch mit Textverstehen schlechthin - das seinerseits auch von pragmatischen Faktoren abhängig ist.

Zur Geschichte der Textlinguistik vgl. KALVERKÄMPER (1981), SOWINSKI (1983:19-50) und HEINEMANN/VIEHWEGER (1991:13, 19-30).

1.2 Definition von "Text"

1.2.1 "Text" im vorwissenschaftlichen Verständnis

Anhand einiger Beispiele soll im folgenden zunächst diskutiert werden, was "Text" im Alltagsverständnis bedeutet.

T1 *Die Harzreise* von Heinrich HEINE (Ausschnitt)

Im allgemeinen werden die Bewohner Göttingens eingeteilt in Studenten, Professoren, Philister und Vieh, welche vier Stände doch nichts weniger als streng geschieden sind. Der Viehstand ist der bedeutendste. Die Namen aller Studenten und aller ordentlichen und unordentlichen Professoren hier herzuzählen, wäre zu weitläufig; auch sind mir in diesem Augenblick nicht alle Studentennamen im Gedächtnisse, und unter den Professoren sind manche, die noch gar keinen Namen haben.

T2   *Gummibärchen küßt man nicht*

Der Titel ist nur halb so bescheuert wie der Film. Der Produzent war offenbar so glücklich, einige "Stars" ... engagiert zu haben, daß er alles übrige vergaß. Weil für ein Drehbuch oder einen gescheiten Regisseur das Geld nicht mehr langte, wurde der ehemals politisch engagierte Bannert für die Parade der Dummheit angeheuert. Schlimmer als dieser Film ist höchstens eine Folter mit Heino-Musik.

(Filmrezension, *Kölner Stadtanzeiger*, 19./20.8.89)

T3   *Patrouille* von August STRAMM

Die Steine feinden
Fenster grinst Verrat
Äste würgen
Berge Sträucher blättern raschlig
Gellen
Tod.

T4   *Brief an Hans Barlach* von Ernst BARLACH

Güstrow, 22.12.1926

Lieber Hans, in kleinen Städten wie Güstrow gibt's um Weihnachten eine Hetze. Unsere Art zu feiern ist ein Unfug, warum? Weil alles da ist: Kuchen, Pannkoken, Mus, Appel und Beern, Quark und Kram jeder Art - bloß eins fehlt, nämlich Feierlichkeit. Und wie kann man feiern ohne Feierlichkeit? Leider bist du krank und, wie mir Olga schreibt, so krank, daß es gut wäre, daß ich hinkäme. Aber ich bin kaum aus einer fiebrigen Erkältung raus und habe ein Gefühl, daß ich Dir nicht nützen würde, eher aber schaden, ...
Nach den Festtagen hoffe ich, an die Arbeit zu kommen, ...
Herzlichste Wünsche für Euch!

Euer Ernst

T5   *Alltags-Dialog*[2]

T6   *Sprichwort*

In der Kürze liegt die Würze.

---

[2] "Alltagsgespräche" sind nach RAMGE (1977:406) "alltägliche Interaktionsprozesse mit den Merkmalen der biographischen Belanglosigkeit, des sich prinzipiell Wiederholens, der Reproduktion von Alltagserfahrung" (zitiert nach MACKELDEY 1987:27). Zur Definition von "Alltagssprache" und ihrem Verhältnis zur Umgangssprache vgl. MACKELDEY 1987:32f., zur Subklassifizierung alltagssprachlicher Dialoge ebd., S. 89ff.

T7 *Wahlplakat*

Wir kämpfen für

        Freiheit und Wohlstand

    Wählt die   **F G P !**

Freiheitliche Gemüts-Partei

T8 *Landschaftsbild*

T9   *Have it your way, Charlie Brown* von Ch. SCHULZ
     (Ausschnitt)

T10 (Verkehrsschild)

Im Alltagsverständnis gehört zum Text die Schriftlichkeit. Daher würden der Dialog, das Landschaftsbild, das Verkehrszeichen und evtl. der Comic-Teil ohne Text von vornherein herausfallen. Allerdings ist die alltagssprachliche Verwendung des Wortes "Text" nicht einheitlich, worauf auch BRINKER (1988²:11) hinweist. Wenn man Wörterbücher des Deutschen befragt, wird man denn auch mehrere ziemlich verschiedene Definitionen von "Text" finden, z.B. als "Wortlaut", "sprachlicher Teil eines musikalischen Werks" usw.

In seiner Kernbedeutung ist jedoch (nach BRINKER 1988²:12) Text als "(schriftlich) fixierte sprachliche Einheit, die in der Regel mehr als einen Satz umfaßt" bestimmbar.³

Diese Definition hält jedoch einer genaueren wissenschaftlichen Überprüfung nicht stand:
- Die Begrenzung auf schriftliche Fixierung läßt sich - wie noch zu zeigen ist - nicht halten;
- Text als "fixierte sprachliche Einheit" bedeutet eine einseitige Festlegung auf einen Aspekt von Texten, nämlich Text als Ergebnis einer sprachlichen Kommunikationshandlung; doch spielt der Kommunikationsvorgang selbst (die "Textkonstruktion") eine mindestens ebenso große Rolle;
- ob die Einschränkung "die in der Regel mehr als einen Satz umfaßt" zu halten ist, erscheint mehr als fraglich, wenn auch diese Einschränkung in vielen Definitionen von Textlinguisten vorkommt (so bei HARWEG 1968:148, EHLICH 1984:14, BRINKER 1988²:173): Sprichwörter (vgl. T5) und andere Ein-Satz-Äußerungen werden dadurch jedenfalls nicht erfaßt.

Auch die Geschichte des Ausdrucks "Text" gibt nur bedingt Aufschluß über den Textbegriff in all seinen relevanten Verwendungen. Das lateinische Wort *textus* ist vom Verb *texere* abgeleitet und bedeutet "Gewebe"; es wurde also von seiner konkreten Bedeutung her übertragen auf die Verkettung sprachlicher Einheiten zu einem Werk. EHLICH (1984:10) weist darauf hin, daß mit *Text* in dieser metaphorischen Verwendung gerade nicht ein Text im heutigen Sinne, sondern seine "Webart", sein "Stil" gemeint war. In einer später hinzukommenden Bedeutung ist "Text" der Wortlaut des Evangeliums. "Text" in diesem Sinne wurde auch auf weltliche Literaturwerke übertragen; von daher erklärt sich also das Merkmal der Schriftlichkeit, das im vorwissenschaftlichen Verständnis von "Text" eine so große Rolle spielt.

---

3   BRINKER (1988²) erkennt Ein-Satz-Äußerungen wie *Das Betreten der Baustelle ist verboten* "unter ganz bestimmten situativen Bedingungen als Texte im kommunikativen Sinne" an, vernachlässigt sie jedoch im folgenden: Die Textlinguistik ist seiner Meinung nach "in erster Linie an Texten interessiert, die sowohl in grammatischer als auch in thematischer Hinsicht einen größeren Komplexitätsgrad aufweisen".

1.2.2 "Text" in der Textlinguistik

In der (text-)wissenschaftlichen Literatur wird allgemein davon ausgegangen, daß ein Text mündlich oder schriftlich sein kann[4], wobei der Kommunikationsvorgang mitberücksichtigt wird. So sagt WAWRZYNIAK (1980:7):

> "Kommunikation erfolgt durch T e x t e, die zwischen den Kontaktpartnern (Sprecher und Versteher, Schreiber und Leser) ausgetauscht werden. Unter Texten verstehen wir hier sowohl schriftliche als auch mündliche Äußerungen, die unterschiedlicher Länge sein können: von einem Ein-Wort-Text bis zum Gesamttext eines mehrbändigen Romans."

Text wird hier - wie auch von anderen neueren Textlinguisten - als Kommunikationsbestandteil gesehen und gerät dadurch in die Nähe zum Sprechakt. WAWRZYNIAK ist im übrigen ungenau, wenn er "Kommunikation" als Rahmen für Texte bestimmt: Demnach müßten sowohl Verkehrszeichen als auch tierische Kommunikationsakte Texte sein, was jedoch im allgemeinen nicht angenommen wird. Zustimmen kann man insofern, als die Länge eines Textes keine Rolle spielt: Ein Text kann aus einem Satz bestehen, der wiederum aus einem Wort bestehen kann. Eine Interjektion wie *au*! - als typischer Ein-Wort-Satz - bildet demnach ebenso einen Text wie die Roman-Tetralogie "Joseph und seine Brüder" von Thomas Mann.

Texte können also mindestens in folgenden Dimensionen variieren (was für die Textsorteneinteilung relevant ist):
- mündlich vs. schriftlich,
- einsätzig vs. mehrsätzig,
- monologisch vs. dialogisch,
- rein sprachlich vs. gemischt (andere Kommunikationsformen einschließend).

Worüber WAWRZYNIAK (1980) an der betreffenden Stelle nichts aussagt, ist die Abgeschlossenheit bzw. Vollständigkeit von Texten. Sie gehört nach Meinung einiger Textlinguisten mit zur Textbestimmung. So ist "Text" nach HALLIDAY/HASAN (1976:1)

---

4 Vgl. z.B. HELBIG (1977:48), VAN DIJK (1980:221ff.), KOCH/ROSE/SCHONEBOHM (1981) und MACKELDEY (1987:11).

"used in linguistics to refer to any passage, spoken or written, of whatever length, that does form a unified whole."

Doch ist diese Definition sicher zu streng, da Abgeschlossenheit nur für bestimmte Textsorten charakteristisch, also ebenfalls variabel in bezug auf die Textsortenklassifikation ist[5].

Wenn man Text als einen Bestandteil sprachlicher Kommunikation ansieht, hat man natürlich Probleme mit Wahlplakaten und Comics, wo Bilder nicht wegzudenkende Komponenten darstellen. Hier kommt es auf den jeweiligen textlinguistischen Ansatz an: Der syntaktische und der semantische Ansatz, die sich auf die sprachliche Strukturierung von Texten konzentrieren, dürften solche Gebilde nicht als Texte ansehen, wohingegen der pragmatische Ansatz, wie ihn S.J.SCHMIDT (1973) und VIEHWEGER (1980) vertreten (s. unten), nichtsprachliche Bestandteile von Texten ohne weiteres integriert[6].

Sinnvoll scheint mir die Ansicht von HAUSENBLAS (1977:148) zu sein, der drei Arten von Texten unterscheidet:
- "linguale Texte (immer mit paralingualen Elementen)",
- "außerlinguale Texte"[7],
- "gemischte Texte (entweder mit der Dominanz von lingualen oder außerlingualen Elementen)".

Wenn man das bisher Gesagte berücksichtigt, sind T1 - T6 auf jeden Fall Texte, T8 und T10 auf keinen Fall. Das Wahlplakat muß man sicher auch als Text ansehen: Die Kombination aus sprachlichem und nichtsprachlichem Material muß nicht notgedrungen zu einem Nicht-

---

5 AGRICOLA (1977:11) rechnet "relative Abgeschlossenheit" zu den Eigenschaften von Texten. KLIMONOW (1977:183) nimmt dagegen an, daß "der Text als Ganzes in kommunikativer Hinsicht vollständig zu sein hat", während Textteile (Sätze oder Absätze) sich durch "relative kommunikative Selbständigkeit" (ebd.) auszeichnen.

6 MACKELDEY (1987:11) weist darauf hin, daß textintern (syntakto-semantisch) orientierter und pragmalinguistisch orientierter Ansatz sich nicht ausschließen, sondern "daß diese Konzeptionen ... in einem komplementären Verhältnis zu sehen sind"; er verweist dabei auf HEINEMANN (1982:221).

7 HAUSENBLAS (1977:148) gibt kein Beispiel, doch dürften "sprachlose" Comics dazu gehören.

Text führen[8]. Hier spielt das noch zu besprechende wichtige Merkmal der Kohärenz eine Rolle: T7 ist kohärent und damit ein Text.

Comics können aus dem gleichen Grunde als Texte angesehen werden, jedenfalls wenn die Bilder mit Sprachmaterial (in Form von Untertiteln, Sprechblasen usw.) verbunden sind und gegenseitige Verweisbeziehungen bestehen (vgl. KRAFFT 1978:131). T9 stammt aus einer Serie, die auch sprachliches Textmaterial enthält; sie ist allerdings erst nachträglich zusammengestellt worden (vgl. den Untertitel *Selected Cartoons from SUNDAY'S FUN DAY*). Man weiß also nicht genau, wo ein Serienteil anfängt und aufhört. Ein Comic ohne Worte ist nicht so leicht als Text klassifizierbar. Da aber in dem betreffenden Bändchen sprachliche, teilweise sprachliche und nichtsprachliche Comics so aneinandergereiht sind, daß man sie als fortlaufende Geschichte empfindet, fasse ich den Band als Text auf.

Man geht in der Textlinguistik davon aus, daß nicht jede Folge sprachlicher Ausdrücke - nicht einmal jede Satzfolge - einen Text darstellt. T11 ist ein Beispiel dafür:

T11

Es gibt niemanden, den ihr Gesang nicht fortreißt. Unsere Sängerin heißt Josephine. Gesang ist ein Wort mit fünf Buchstaben, Sängerinnen machen viele Worte.

(BIERWISCH 1965, zit. nach WAWRZYNIAK 1980:54)[9]

WAWRZYNIAK (1980:54) spricht hier von einem Pseudo-Text, da er Kohäsion (d.h. einen oberflächenstrukturellen Zusammenhang) hat, z.B. durch die Rekurrenz von Wortmaterial (*Gesang - Sängerin, Wort - Worte*), obwohl er keinen inneren Textzusammenhang, keine Kohärenz, hat: Die Sätze haben inhaltlich nichts miteinander zu tun.

---

8 M. SCHERNER (persönliche Mitteilung) weist darauf hin, daß Texte sprachtranszendierende Einheiten und damit auch Gegenstand der Semiotik sind. Zum mindesten in Fällen, wo Bilder notwendige Korrelate der sprachlichen Kette sind, sollten sie als Textbestandteile gerechnet werden. Vgl. dazu auch SCHERNER 1979.

9 Natürlich hat *Gesang* sechs Buchstaben (allerdings fünf Phoneme).

Auch T12 ist kein echter Text, könnte aber zu einem solchen gemacht werden, wenn man die Reihenfolge der Sätze ändert.

T12

Der Sachschaden beträgt sechs Millionen Mark. Als die alarmierte Feuerwehr bei den Löscharbeiten die Stahltür zu einem Kellerraum öffnete, entstand ein Gas-Luft-Gemisch, das sich explosionsartig entzündete. Bei einer Gasexplosion in einem Geschäftshaus der Lörracher Innenstadt sind am Donnerstag zwölf Menschen verletzt worden.

Die Reihenfolge der Sätze spielt also auch eine Rolle. ISENBERG (1976:126ff.) spricht von einer "Theorie der sequentiellen Textkonstitution". Aber auch dieses Kriterium ist textsortenabhängig. Bei Wahlplakaten beispielsweise scheint die Reihenfolge beliebig zu sein, wie eine Umstellung der beiden Sätze in T7 zeigt.

Auch T13 ist ein Nicht-Text (entstanden durch Mischung verschiedener Texte) oder - nach WAWRZYNIAK (1980) - ein "Pseudotext", obwohl er Kohäsion, z.B. in Form von Pronomina, enthält - die bei der Textkonstitution eine große Rolle spielen -, darüber hinaus auch inhaltliche Zusammenhänge (vgl. *Geld - Pfennig*)[10]:

T13

Die Wetterlage in Europa hat sich in den vergangenen Tagen völlig verändert. Wie aber soll sie von wenig Geld eine Haushaltshilfe bezahlen? Allerdings will kein Meteorologe einen Pfennig darauf verwetten, daß wir nun auch von Juni an mit Sonne rechnen können.

SCHERNER (1984:146) hält jedoch eine klare Grenzziehung zwischen Texten und Nicht-Texten für problematisch, wenn nicht gar unmöglich,

---

10 Weitere Defizite, die - speziell bei Dialogen - das Zustandekommen von Pseudotexten bewirken können, nennt SCHERNER (1989:188ff).

"weil es einerseits sehr schwierig ist, Satzfolgen zu bilden, denen jeglicher Verknüpfungsbezug zwischen den Sätzen mangelt, und es andererseits auch Satzfolgen gibt, die trotz des Vorhandenseins von Verknüpfungsphänomenen intuitiv nicht als kohärent angesehen werden."

Das gilt auch für T11, wo er vermerkt, daß auch dieser "Nicht-Text" in bestimmten Kontexten als sinnvoll interpretiert werden kann, z.B. in der Schilderung von Reflexionen eines Verehrers der Sängerin, die etwa beginnt: "Nach der Vorstellung flogen ihm alle aufgeschnappten Gesprächsfetzen noch einmal durch den Kopf: Es gibt niemanden, den ...". Auf das Problem der Nicht-Texte werden wir im Zusammenhang mit der Behandlung von "Kohärenz" zurückkommen.

BRINKER (1988[2]:12ff.) unterscheidet zwei Hauptrichtungen in der Bestimmung des linguistischen Textbegriffs:

Die **sprachsystematisch ausgerichtete Textlinguistik** hat sich aus der Strukturellen Linguistik und der Generativen Transformationsgrammatik entwickelt. Sie entstand durch eine Kritik an der Beschränkung der syntaktischen Forschung auf die Domäne des Satzes. So zeigte es sich, daß die adäquate Verwendung von Pronomina weitgehend von kontextuellen Bedingungen abhängt, die nicht den Satz, sondern größere Texteinheiten als Domäne haben. So ist es kein Zufall, daß die Auftretensbedingungen von Pronomina als textkonstituierend angesehen wurden und sogar in Textdefinitionen Einlaß fanden: HARWEG (1968:148) definiert Text als "ein durch ununterbrochene pronominale Verkettung konstituiertes Nacheinander sprachlicher Einheiten".

Dieser "transphrastische" (d.h. "satzüberschreitende") Ansatz geht davon aus, daß Texte strukturelle Einheiten vom gleichen Typ wie Sätze sind, nur umfangreicher. Diese Auffassung, nach der die Textbildung - genau wie Wort- und Satzbildung - allein durch das Regelsystem der Sprache gesteuert wird (vgl. BRINKER 1988[2]:14), hat sich jedoch als untauglich zur Textbestimmung erwiesen, da ein Text offenbar eher durch den inhaltlichen Zusammenhang als durch den Gebrauch bestimmter syntaktischer Verknüpfungsmittel zustande kommt.

Wir haben gesehen, daß trotz solcher "kohäsiven" Mittel wie Rekurrenz und Pronominalisierung ein Nicht-Text zustande kommen kann (vgl. T11 und T13). Andererseits gibt es z.B. Gedichte, die völlig ohne kohäsive Mittel auskommen und doch inhaltlichen Zusammenhang haben. T3 ist ein solcher Fall.

Auch die Einbeziehung semantischer Relationen - z.B. bei der Definition des Texts als einer kohärenten Folge von Sätzen (vgl. ISENBERG 1970:1 und HELBIG 1975:66) - sieht den Textzusammenhang als ausschließlich durch grammatische Regularitäten bestimmt, was die kommunikativen Bedingungen der Textkonstitution und -rezeption außer acht läßt. RIESER (1977:9) weist zudem darauf hin, daß nur Kohärenz-Information, die explizit in der Oberfläche von Texten verankert war, erfolgreich verarbeitet werden konnte:

> "Implicitly provided coherence information necessary e.g. for time reference, local reference, maintenance of quantitative and qualitative standards, the observation of cause and event relations, and for the insertion of the missing parts into elliptical constructions could not be reconstructed by interpretative text grammatical models then."

Die Annahme einer semantisch-thematischen Textbasis durch VAN DIJK (1972) bedeutet einen gewissen Fortschritt. Er definiert Text als "eine durch semantische Tiefenstruktur motivierte, 'gesteuerte' Oberflächenstruktur" (1972:123). Die Texttiefenstruktur ist eine abstrakte logische Struktur, die "als der Plan des Textes betrachtet werden" kann, "ebenso wie unser Verhalten durch zugrundeliegende 'Pläne' (Intentionen usw.) bestimmt zu sein scheint" (1972:206). Sie ist gleichzeitig eine Art "abstrakter Paraphrase", die "textthematisch" bestimmt ist. Diese Annahme stützt VAN DIJK 1972 darauf, daß es möglich ist, "einen Text in einer Kurzfassung, in einem Titel usw. zusammenzufassen"[11].

Die zweite Richtung ist nach BRINKER (1988[2]:14ff.) die **kommunikationsorientierte Textlinguistik.** Sie kommt von der linguistischen Pragmatik her und wird wichtigen Aspekten von Texten in

---

11 VAN DIJK (1972) verwendet den Terminus "Tiefenstruktur" hier anders als in der Generativen Transformationsgrammatik, wo er rein syntaktisch motiviert ist (vgl. VATER 1982, §2.3). Die von ihm angenommene abstrakt-logische Struktur ist sehr weit von der Oberflächenstruktur des Textes entfernt. Von der Planung bis zum fertigen Text kann sich vieles verändern (vgl. dazu WIESE 1983, der interessante Untersuchungen zur Sprachproduktion vorgelegt hat).

vielen Punkten besser gerecht als die mehr grammatiktheoretisch orientierte Richtung.

"Die kommunikationsorientierte Textlinguistik fragt ... nach den Zwecken, zu denen Texte in Kommunikationssituationen eingesetzt werden können und auch tatsächlich eingesetzt werden; kurz: sie untersucht die kommunikative Funktion von Texten. Die kommunikative Funktion legt den Handlungscharakter eines Textes fest; sie bezeichnet ... die Art des kommunikativen Kontakts, die der Emittent (d.h. der Sprecher oder Schreiber) mit dem Text dem Rezipienten gegenüber zum Ausdruck bringt (z.B. informierend oder appellierend); erst sie verleiht dem Text also einen bestimmten kommunikativen 'Sinn'."

So ist für SCHMIDT (1973:150) ein Text

"jeder geäußerte sprachliche Bestandteil eines Kommunikationsaktes in einem kommunikativen Handlungsspiel, der thematisch orientiert ist und eine erkennbare kommunikative Funktion erfüllt, d.h. ein erkennbares Illokutionspotential realisiert".

Text wird hier als "Text-in-Funktion" gesehen, bezogen auf ein kommunikatives Handlungsspiel, also offenbar an Wittgenstein (vgl. WITTGENSTEIN 1958, d.i. 1971:19) orientiert. Obwohl SCHMIDT (1973) z.B. Wahlplakate mit ihren nicht-sprachlichen Bestandteilen besser einordnen kann, als das bei einem nicht-pragmatischen Ansatz möglich wäre, bleibt im Hinblick auf die formale und inhaltliche Struktur von Texten einiges vage oder gar widersprüchlich (vgl. die Kritik bei WAWRZYNIAK 1980:41).

Wie der Terminus "Text-in-Funktion" bei SCHMIDT (1973) andeutet - und noch mehr die Charakterisierung des Textes als Kommunikationsakt in einem kommunikativen Handlungsspiel -, wird hier Text offenbar als Prozeß verstanden, während andere Definitionen, die z.B. Text als Folge kohärenter Sätze definieren, ihn eher als Produkt eines Kommunikationsvorgangs ansehen.

Manche Autoren machen nicht genügend klar, ob sie Text als Vorgang oder Produkt meinen. So beginnt WAWRZYNIAK (1980) sein Buch mit der oben angegebenen Definition, in der er Text erst als Prozeß (als Austausch zwischen Sprecher und "Versteher"), dann als Resultat ("linear geordnete Aufeinanderfolge von sprachlichen Signalen") charakterisiert. Die Untersuchungen von WIESE (1983) u.a. zeigen, daß Linearität eher die Endstufe (das fertige Textresultat) charakterisiert als die Vorstufen (Planung, Formulierung).

Ähnlich wie SCHMIDT (1973) sieht auch EHLICH (1984:13ff.) Text als kommunikative Einheit, parallel zum Sprechakt, von dem er sich jedoch quantitativ unterscheidet: Der "einfache Sprechakt umfaßt normalerweise einen Satz. Demgegenüber ist der Text ... eine übersatzmäßige Einheit." Der entscheidende Unterschied zwischen Text und Sprechakt liegt nach EHLICH (1984:17) jedoch darin, daß beim Text der Transfer vom Sprecher zum Hörer einen Bruch erleidet:

> "Der Text ist nicht mit dem Sprecher und Hörer kopräsent, sondern er verselbständigt sich beiden gegenüber."

Hier entfernt sich EHLICH von seinem ursprünglichen Textmodell (1984:13f.), wo er den Text in seine Situierung eingebettet betrachtet.

Ziemlich schillernd ist auch der Textbegriff bei BEAUGRANDE/DRESSLER (1981), die einerseits von "Texten als menschlichen Aktivitäten" sprechen (S.18), andrerseits aber Text "als eine KOMMUNIKATIVE OKKURRENZ" (S.3) definieren, "die sieben Kriterien der TEXTUALITÄT erfüllt". "Textualität" wird im allgemeinen in bezug auf das Textgebilde gebraucht, und das Erfüllen von Kriterien ist auch eher auf das Produkt als auf den Vorgang anwendbar.

KALLMEYER/MEYER-HERMANN (1980^2:242f) machen ihrerseits einen Unterschied zwischen Text$_1$ als "Phänomen der parole bzw. der Performanz" und Text$_2$ als "abstrakte Einheit", als "ein Konstrukt aus den Eigenschaften, welche allen Texten$_1$ gemeinsam sein sollen/können/müssen, aus den Merkmalen, welche die Texthaftigkeit der Texte$_1$, ihre Textualität ausmachen". VAN DIJK (1977) macht einen entsprechenden Unterschied zwischen Diskurs als Einheit der parole und Text als Einheit der langue[12].

KNOBLOCH (1990:68f.) rechnet Text

> "zu den aspektheterogenen und offenen Grundbegriffen der Sprach- und Literaturwissenschaften, die nicht abschließend definiert werden

---

12 HLAVSA (1977:41) spricht im gleichen Sinne von "text-type" vs. "text-token".

können, weil ihre theoretische Produktivität vorwiegend heuristischer Natur ist und sich nur innerhalb bestehender Axiomatisierungen entfaltet."

Dem kann ich mich nur bedingt anschließen. Natürlich ist "Text" - wie auch jeder andere linguistische Terminus - nur innerhalb eines ("axiomatisierten") Ansatzes definierbar, aber er ist definierbar, wobei - wie bei anderen Termini auch - der wissenschaftstheoretische Kontext berücksichtigt werden muß. Im übrigen arbeitet KNOBLOCH (1990:69) dann doch mit dem Ausdruck "Text" im alltagssprachlichen Gebrauch, wo er "wertungsfrei ein materiell abgeschlossenes und schriftlich niedergelegtes Sprachwerk" bezeichnet.

Als besonders vielversprechend sehe ich den Versuch von KLEIN/VON STUTTERHEIM (1991:1f.) an, Text von seiner Struktur her zu definieren, die ihrerseits weitgehend vom Textthema her bestimmt wird:

"A text ... differs in two respects from an arbitrary collection of utterances: A. It obeys certain global constraints which primarily result from the fact that the utterances in their entirety serve to express, for a given audience and to a given end, a complex set of information, a *Gesamtvorstellung* ... The nature of the Gesamtvorstellung, on the one hand, and the specific purpose the speaker has in expressing it, on the other, impose special constraints on the overall organization of the text. B. The way in which the text proceeds from one utterance to the next obeys local constraints, depending on which information is introduced, maintained or elaborated on. ... Each utterance selects a segment from the Gesamtvorstellung and puts it into words."

Hier wird - aufbauend auf VAN DIJK (1972) - angenommen, daß dem Text eine "Gesamtvorstellung" zugrundeliegt, die nicht nur das Thema, sondern auch die globale Struktur des Textes bestimmt und die sich - teilweise sehr indirekt und vermittelt - auch in den einzelnen Äußerungen des Textes (die durch lokale Beziehungen miteinander verbunden sind) niederschlägt.

1.2.3 Vorläufiges Fazit

Die Schwierigkeiten bei der Textdefinition sind teilweise objektiver, teilweise subjektiver Natur: Sie liegen sowohl im Phänomen "Text" selbst begründet als auch in der Verschiedenheit der verwendeten Ansätze. Dabei haben die objektiven Faktoren - z.B. , daß nicht-sprachliche Kommunikationsmittel zum mindesten bei einigen Textsorten eine Rolle spielen - auch Auswirkungen auf die Definitions-Ansätze. KALLMEYER/MEYER-HERMANN (1980^2:243) sagen:

> "Textdefinitionen können in erster Grobeinteilung danach unterschieden werden, ob das Definiens $Text_1$ oder $Text_2$ als sprachliche Komponente einer verbal-kommunikativen Interaktion aufgefaßt wird (TYP I), oder ob damit kommunikative Einheiten gemeint sind, in denen auch nicht-verbale Mittel kommunikativ fungieren (TYP II)."

Weiterhin spielt eine Rolle, ob Text als eine Einheit der Grammatik gesehen und z.B. rein syntaktisch definiert wird (wie bei HARWEG 1968, aber auch schon bei HARRIS 1952), was sich im wesentlichen als nicht haltbar erwies (vgl. dazu LANG 1973), oder aber als eine Einheit der (sprachlichen) Kommunikation, und damit pragmatisch. Schließlich wirkt sich bei der Definition auch aus, ob die Strukturierung des Textes, seine "Textualität", berücksichtigt wird. Das in diesem Zusammenhang manchmal genannte Kriterium der Abgeschlossenheit findet sich kaum noch in neueren Definitionen.

1.3 Aufgaben

A1 Textdefinitionen in Wörterbüchern

Im *Wörterbuch der deutschen Gegenwartssprache* von KLAPPENBACH/ STEINITZ (1977²:3724) findet sich unter **Text**:

> "1. (schriftlich) fixierte, thematisch zusammenhängende Folge von Aussagen; a) ein langer, gedruckter, chiffrierter T.; einen T. zusammenstellen, verlesen... - b) Wortlaut: den genauen, vollen T. einer Rede vorlesen, ... abdrucken; der T. eines Vortrages, Briefes, ... Dramas - c) Teil oder Ganzes einer literarischen Arbeit: ein wissenschaftlicher, philosophischer, mittelhochdeutscher T.
> 2. zu einem musikalischen Werk gehörender sprachlicher Teil: der T. eines Liedes, einer Oper.
> 3. sprachliche Erläuterung, Unterschrift zu einer Abbildung."

Welche Arten bzw. Aspekte von Texten sind hier nicht erfaßt?

A2 Texter

Ist ein *Texter* der Verfasser eines Texts (im textwissenschaftlichen Sinne), so wie ein *Schreiner* jemand ist, der Schreine macht, oder ein *Musiker* jemand, der Musik macht? Wenn nicht, wie läßt sich *Texter* sonst definieren?

A3 Mathematische Texte?

Welche der folgenden mathematischen Gebilde können als Texte aufgefaßt werden? Muß man die Definition von "Text" als sprachlicher Kommunikationsvorgang bzw. Produkt eines sprachlichen Kommunikationsvorgangs evtl. abändern, um solche Gebilde zu erfassen?

a. $3x = 999 \;/\; x = 999:3 \;/\; x = 333$.
b. $(a + b)^2 = a^2 + 2ab + b^2$.
c. Für jede natürliche Zahl a gilt:
   (1) a|a: 4|4, denn 4 x 1 = 4;
   (2) a|0: 2|0, denn 2 x 0 = 0;
   (3) 1|a: 1|4, denn 1 x 4 = 4.

A4   Fisches Nachtgesang von Christian MORGENSTERN

```
    ‾
   ‿ ‿
  ‾ ‾ ‾
 ‿ ‿ ‿ ‿
  ‾ ‾ ‾
 ‿ ‿ ‿ ‿
  ‾ ‾ ‾
 ‿ ‿ ‿ ‿
  ‾ ‾ ‾
 ‿ ‿ ‿ ‿
  ‾ ‾ ‾
   ‿ ‿
    ‾
```

Ist "Fisches Nachtgesang" ein Text?

A5   Text oder Nichttext?

Wenn man "Textoide" wie T11 oder T13 nicht als Texte im vollen Sinne anerkennt, müßte man sich auch mit Gebilden wie dem folgenden schwer tun:

Ene mene miste,
es rappelt in der Kiste.
Ene mene mu
und raus bist du.

Immerhin ist dies Gebilde offenbar in sich abgeschlossen, wenn man das als Kriterium für Texte anerkennen will (vgl. das Zitat aus HALLIDAY/HASAN 1976 in 1.2.2). Aber die Wörter der ersten und dritten Zeile sind "nonsensisch", und mit der (kohäsiven) Funktion des *und* ist es auch nicht weit her. Inwiefern läßt sich das Gebilde als Text retten, wenn man annimmt, daß es in bestimmten Situationen einen Zweck erfüllt?

A6   Etymologie und Definition

Kann Ihrer Meinung nach die Etymologie eines Terminus eine wichtige Hilfe bei der Definition dieses Terminus leisten? Begründen Sie das am Fall von "Text" (anhand der Ausführungen in 1.2.2).

A7   Zur kommunikativen Funktion von Texten

BRINKER (1988^2:18) definiert Text als kohärente Satzfolge mit kommunikativer Funktion. Kann von einer kommunikativen Funktion von Texten durchweg die Rede sein, wenn man moderne Gedichte wie "Cigarren [elementar]" von Kurt SCHWITTERS einbezieht?

Cigarren [elementar]

Cigarren
Ci
garr
ren
Ce
i
ge
a
err
err
e
en
Ce
CeI
CeIGe
CeIGeA
CeIGeAErr
CeIGeAErrErr
CeIGeAErrErr
ErrEEn
EEn
En
Ce
i
ge
a
err
err
e
en
Ci
garr
ren
Cigarren

(Der letzte Vers wird gesungen)

A8 Textmodelle

EHLICH (1984:13) diskutiert zunächst ein einfaches Textmodell (1), in dem der Autor einen Text produziert, den der Leser rezipiert. Parallel dazu besteht ein Sprechakt-Modell (2), in dem ein Sprecher einen Sprechakt produziert, der aus Äußerungsakt, propositionalem und illokutivem Akt besteht und von einem Hörer rezipiert wird. Das Verhältnis zwischen Text-Modell (1) und Sprechakt-Modell (2) ist für EHLICH (1984:14) "eines der Ersetzung von 'Sprecher' durch 'Autor', 'Hörer' durch 'Leser' und 'Sprechakt' durch 'Text'":

(3) Sprecher --> Sprechakt --> Hörer
     *   *   *
     Autor   --> Text   --> Leser

Diskutieren Sie Modell (3) - das später von EHLICH (1984) modifiziert wird (vgl. A9) - im Hinblick auf seine Brauchbarkeit als textlinguistisches Modell unter Berücksichtigung der in 1.2.2 genannten textrelevanten Faktoren.

A9 "Zerdehnte Sprechsituation"

Charakteristisch für die Textkonstitution ist nach EHLICH (1984:18f) eine "zerdehnte Sprechsituation": Sprechsituation$_1$, in der der Text erzeugt, und Sprechsituation$_2$, in der er rezipiert wird, fallen zeitlich nicht zusammen. Diskutieren Sie diese These im Hinblick darauf, ob diese zerdehnte Sprechsituation wirklich für Texte aller Typen zutrifft.

A10 Text als "Makro-Sprechakt"

VAN DIJK (1980:212) sieht einen Text als "Makro-Sprechakt" bzw. "sprachliche Makrohandlung" an: Sowohl bei der Planung als auch beim Verständnis einer Äußerung muß der Sprachgebraucher "eine globale Übersicht über die Absichten der Interaktion besitzen". Sehen Sie sich die betreffende Argumentation bei VAN DIJK (1980:208ff.) an und setzen Sie sich mit seiner These auseinander.

2. Textualität

2.0 Allgemeines

Wie aus den Textdefinitionen hervorgeht, spielt in ihnen - besonders bei DE BEAUGRANDE/DRESSLER (1981) - der Begriff "Textualität" eine Rolle. *Textuell* (engl. *textual*) ist das von *Text* abgeleitete Adjektiv; davon wiederum ist *Textualität* abgeleitet. Man versteht darunter die Gesamtheit aller Eigenschaften, die einen Text zum Text machen, die "Textlichkeit". HALLIDAY/HASAN (1976:2f.) haben das gleiche im Auge, wenn sie "texture" sagen.

Während "Textualität" (oder "Textur") sich auf Text als Gebilde, als Produkt, bezieht (vgl. 1.2.2), ist "Vertextung" (vgl. WAWRZYNIAK 1980) natürlich auf Text als Prozeß, also auf Textaufbau bzw. Textbildung oder Textkonstitution bezogen.[13]

Wenn WAWRZYNIAK (1980) Vertextungskategorien und -funktionen untersucht, dann meint er das prozeßhaft: Kategorien und Funktionen, die beim Zustandekommen eines Textes eine Rolle spielen.

BEAUGRANDE/DRESSLER (1981:3) definieren Text als "eine KOMMUNIKATIVE OKKURRENZ (engl."occurrence"), die sieben Kriterien der TEXTUALITÄT erfüllt". Sie nehmen an, daß alle diese Kriterien erfüllt sein müssen, damit ein Text zustandekommt:

> "Wenn irgendeines dieser Kriterien als nicht erfüllt betrachtet wird, so gilt der Text nicht als kommunikativ. Daher werden nicht-kommunikative Texte als Nicht-Texte behandelt..." (ebd.).

---

13 Dieser textwissenschaftliche Terminus hat also eine weitere Bedeutung als der bereits übliche, wo es um die Bildung eines Textes zu einem Musikstück geht.

Es wird zu überprüfen sein, ob die beiden in dieser These enthaltenen Aussagen, nämlich
- "Nur die Erfüllung aller sieben Kriterien ergibt einen Text" und
- "Ein nicht-kommunikativer Text ist ein Nicht-Text"

aufrechterhalten werden können.

2.1 Kohäsion

Das erste der sieben Textualitäts-Kriterien ist die Kohäsion:

> "Es betrifft die Art, wie die Komponenten des OBERFLÄCHENTEXTES, d.h. die Worte, wie wir sie tatsächlich hören oder sehen, miteinander verbunden sind. Die Oberflächenkomponenten hängen durch grammatische Formen und Konventionen voneinander ab, so daß also Kohäsion auf GRAMMATISCHEN ABHÄNGIGKEITEN beruht."
> (BEAUGRANDE/DRESSLER 1981:3f.)

Man beachte die Herausstellung des Wortes "Oberflächentext". Hier zeigt sich die gleiche Auffassung wie bei VAN DIJK (1972), nämlich, daß dem Oberflächentext - dem Text in der tatsächlich vorliegenden Gestalt - ein tiefenstruktureller Text (s. 1.2.2) gegenübersteht, der entweder - das ist bei VAN DIJK 1972 nicht ganz klar - als abstraktes Schema oder aber als vom Sprecher zugrundegelegter Plan aufgefaßt wird, möglicherweise auch als beides zugleich.

Bei BEAUGRANDE/DRESSLER (1981) ist die Tiefenstruktur - wie der im Zusammenhang mit Kohärenz verwendete Ausdruck "Textwelt" ausweist - offenbar psychologisch-kognitiv gemeint.

Ich fasse Kohäsion als grammatische Relation zwischen Einheiten des Textes auf, wobei es vorwiegend um satzübergreifende Relationen geht. Kohäsionsbeziehungen fallen innerhalb des Satzes oft mit Konstituenten-Relationen zusammen, d.h. mit in der Syntax üblichen Beziehungen wie "x dominiert y und z", "x c-kommandiert y", "x regiert y", "x wird mit y koindiziert". Nur die letzte dieser Beziehungen kommt auch satzübergreifend vor.

HALLIDAY/HASAN (1976:vii) definieren Kohäsionsbeziehungen folgendermaßen:

> "Cohesive relations are relations between two or more elements in a text that are independent of the structure; for example between a personal pronoun and an antecedent proper name, such as *John...he.*"

Überraschend mag dabei die Formulierung "independent of the structure" sein. Das hängt einerseits damit zusammen, daß die Autoren - mit Recht - betonen, daß "Text" nicht eine grammatische Einheit ist (1976:1), sondern eine Einheit der parole ("a unit of language in use"). Offenbar haben aber nach Meinung von HALLIDAY/HASAN (1976:6) nur grammatische Einheiten Struktur:

> "A text...is not a structural unit; and cohesion, in the sense in which we are using the term, is not a structural relation."

Andrerseits sehen sie Kohäsion als eine semantische Relation an (ebd., vii, 4 und passim). Das wiederum hängt damit zusammen, daß sie nicht zwischen Kohäsion und Kohärenz unterscheiden, so daß beide Relationen in ihrer Verwendung des Terminus "cohesion" zusammenfallen. Obwohl ich dieser Auffassung nicht zustimmen kann, wie aus den späteren Ausführungen über Kohärenz ersichtlich werden sollte, bin ich der Meinung, daß die beiden Autoren gute Beobachtungen und Analysen zu Kohäsionsbeziehungen in Texten beigesteuert haben, die man zur Kenntnis nehmen sollte (wobei man allerdings zwischen Kohäsions- und Kohärenzbeziehungen unterscheiden muß).

Was nun die Kohäsionsbeziehung zwischen zwei (oder mehr) Textelementen angeht, ist folgende Charakterisierung wichtig (vgl. HALLIDAY/HASAN 1976:4):

> "Cohesion occurs where the INTERPRETATION of some element in the discourse is dependent on that of another. The one PRESUPPOSES the other, in the sense that it cannot be effectively decoded except by recourse to it."

Ein Standardbeispiel für eine solche Kohäsionsbeziehung ist die zwischen einem Pronomen und seinem Antezedenten (vgl. die Definition von HALLIDAY/HASAN 1976:vii):

(2-01) Paul hat angerufen. Er kommt morgen.
(2-02) Paul hat angerufen. Er sagt, er kommt morgen.

(2-01) ist der einfachste Fall einer durch Pronomina ausgedrückten Kohäsionsbeziehung. *Er* kann, muß aber nicht, koreferent mit *Paul* sein. Wie (2-02) zeigt, können sich mehrere Pronomina auf den gleichen Antezedenten beziehen. Hier "präsupponieren" (um den etwas unglücklichen Terminus von HALLIDAY/HASAN 1976 zu gebrauchen) beide Vorkommen von *er* das Antezedens *Paul*. Das muß natürlich nicht notwendig so sein, denn das zweite *er* (möglicherweise auch das erste) könnte sich auch auf einen anderen Referenten beziehen, d.h. entweder auf ein anderes Antezedens im Text oder auf einen Referenten, den der Sprecher im Vorwissen des Hörers voraussetzen kann (z.B. weil beide vor dem Anruf von *Karl* gesprochen hatten).

Genau wie das mehrfache Vorkommen des gleichen Pronomens zu Mißverständnissen führen kann, kann auch einfaches Vorkommen eines Pronomens bei mehreren in Frage kommenden Antezedenten problematisch sein:

(2-03) a Paul hat mit Fritz gesprochen. Er kommt morgen.
b Paul hat einen neuen Roman geschrieben. Er ist wirklich spannend.
c Paul ist mit Flocki zum Tierarzt gegangen. Er hat ihm eine Spritze gegeben.

(2-03)a kann nur durch das spezielle Vorwissen von Sprecher und Hörer eindeutig interpretiert werden, (2-03)b durch das allgemeine Wissen, daß sich das Prädikat *spannend* eher auf einen Roman als auf einen Menschen bezieht (obwohl letzteres keineswegs ausgeschlossen ist!). In (2-03)c lassen die beiden Pronomina theoretisch jeweils drei Interpretationen zu, was für den Satz sechs Lesarten ergibt, wenn man berücksichtigt, daß Koreferenz innerhalb des zweiten Satzes nur mit *sich* ausgedrückt werden könnte. Aber unser Weltwissen sagt uns, daß nur ein Mensch eine Spritze geben kann, nicht ein Hund. Das läßt noch zwei Antezedenten für *er* zu, *Paul* und den *Tierarzt*. Der Textzusammenhang wiederum läßt *Paul* als mögliches Antezedens unwahrscheinlich erscheinen, da dieser wohl kaum zum Tierarzt gehen wird, um dort seinem Hund eine Spritze zu verpassen; das könnte er auch zu Hause tun.

Der Inhalt der besprochenen Beziehung ist eine Referenzbeziehung; das ist natürlich eine semantisch-pragmatische (bzw. kognitive) Beziehung und damit eine Art von Kohärenz. Bei HALLIDAY/HASAN 1976 wird, wie oben besprochen, nicht zwischen Kohäsion und Kohärenz unterschieden. Das führt dazu, daß sie **Substitution** (z.B. durch Pronomina), Referenz und Ellipse nebeneinander als drei Arten von Kohäsionsbeziehungen aufführen. In Wirklichkeit sind nur Substitution und Ellipse Kohäsionsbeziehungen, Referenz ist eine Kohärenzrelation. Substitution und Ellipse sind kohäsive Mittel zur Bezeichnung einer inhaltlichen Beziehung, nämlich der Koreferenz (Referenz auf den gleichen Gegenstand, den gleichen Referenten).

Ein weiteres Kohäsionsmittel zur Bezeichnung von Koreferenz ist die (totale oder partielle) **Rekurrenz**. Allerdings dient Rekurrenz nicht notwendig zur Bezeichnung von Koreferenz, obwohl sie meist textuelle Funktionen hat:

(2-04) Paul hat angerufen. Paul war sehr aufgeregt.
(2-05) Die Katze hier gefällt mir besser als die Katze da.
(2-06) "Ich komme vom Norden her."
  "Und ich vom Süden."
  "Und ich vom Meer."
  (Th.FONTANE, *Die Brücke am Tay* (Ausschnitt)
(2-07) Zwei und zwei ist vier.
(2-08) Grenzen Grenzen Grenzen Ein Bein Ein Bein Graben
  Graben
  Ein Bein
  (K.SCHWITTERS, *Beingrenzen*)
(2-09) Und läuft und läuft und läuft. (VW-Werbung)

Während in (2-04) Koreferenz intendiert sein kann (aber nicht muß), ist das in (2-05) nicht der Fall, auch nicht in (2-06), da das deiktische Pronomen *ich* bei Sprecherwechsel notwendig Referenzverschiedenheit bezeichnet. (2-07) ist schwierig und wohl nur von einem Mathematiker zu klären: Wird hier zwei mit sich selbst addiert (dann besteht Referenzidentität), oder werden zwei Elemente einer Menge mit zwei anderen Elementen dieser Menge zusammengetan? Der gesunde Menschenverstand würde einem die zweite Möglichkeit nahelegen, aber der Mathematiker könnte aus theoretischen Gründen anders entscheiden. In (2-08) und (2-09) wird zwecks größerer Eindringlichkeit ein Wort wiederholt, ohne daß damit Referenzidentität intendiert ist.

Daß Rekurrenz als künstlerisches Mittel nicht nur für moderne Dichtung charakteristisch ist, zeigt folgendes (hier verkürzt wiedergegebenes) Gedicht eines Barockdichters:

T14 *Der XXXVIII. Liebeskuß*

Das unbegreifliche Jesusgrab von Quirinus KUHLMANN (Ausschnitt)

O Grab! o Wundergrab!
dem alle Gräber weichen!
O Grab! des Himmels Sitz!
du Burg der Ewigkeit!
O Grab! das einst begrub
die Leiche aller Leichen!
O Grab! du Gräbergrab!
o Grab! du Grab der Zeit!

In diesem Gedicht wimmelt es von Rekurrenzen, ja es "lebt" geradezu davon (falls man das hier, wo es um Tod und Grab geht, sagen kann). Neben totalen Rekurrenzen finden sich auch partielle: *Grab - Gräber - Gräbergrab - begrub*. Unter "partieller Rekurrenz" versteht man den Fall, wo gleiches morphologisches Material - gewöhnlich die Wortwurzel - in abgewandelter Form oder ergänzt durch zusätzliche Morpheme vorkommt.

Daß Rekurrenz nicht unbedingt Wiederholung der Wurzel bedeutet, zeigen Märchentitel wie *Brüderchen und Schwesterchen* oder *Gockel, Hinkel und Gackeleia*, wo die Suffixe *-chen* und *-el* rekurrent sind. Rekurrenz als Kohäsionsmittel spielt stilistisch eine Rolle, als einfache Wiederholung wie in *mein Vater, mein Vater, jetzt faßt er mich an* oder *die Partei, die Partei, die hat immer recht*, aber auch in der Figur des Parallelismus: *Blatt am Zweig, Zweig am Ast, Ast am Baum,...; und wie er sitzt und wie er lauscht* etc.

Die **Ellipse** schließlich ist ebenfalls ein kohäsives Mittel und kann auch für Koreferenz eingesetzt werden. Der Dialog T6 - hier wiederholt als (2-10) - enthält eine Ellipse, wie sie für gesprochene Sprache charakteristisch ist, während (2-11) eine für den Telegrammstil von Zeitungsüberschriften typische Ellipse bietet. (2-12) könnte sowohl in gesprochener als auch in geschriebener Sprache vorkommen.

(2-10) "Ich liebe dich! - "Ich dich auch!"
(2-11) Asbest in Zollstocker Gesamtschule gefunden
        (*Kölner Stadtanzeiger*, 6.7.90:1)
(2-12) Franz bestellte zwei und der Kellner brachte vier Eier.
        (KLEIN,W., 1981:61)

Ellipsen sind oft strukturell - in ihren Konstituenteneigenschaften - genau bestimmbar: So ist in (2-10) das Hauptverb, in (2-11) das Auxiliar, in (2-12) der Kern der Objekts-NP ausgelassen. Doch ist das durchaus nicht immer so. KLEIN (1981:69) macht auf Fälle aufmerksam wie *Weil der Vater der Mutter seine Rückkehr ankündigte und einen Ausflug versprach*, wo die elidierte Sequenz *der Vater der Mutter* nicht eine Konstituente bildet (es handelt sich um eine Sequenz aus Subjekt und Dativ-Objekt). Hier gilt die Regel E2 (vgl. KLEIN 1981:62):

> "Identical initial string may be left unexpressed at the second occurrence in coordination".

Grundsätzlich gilt nach KLEIN (1981:57) eine Bedingung, die er "semantisch" nennt ("the general semantic condition"):

> "A meaning need not be expressed if it is derivable from the context, that is, if it is either thematic or contextually expectable."

Man sollte sich nach dieser kurzen Vorstellung elliptischer Strukturen vor zwei falschen Verallgemeinerungen hüten:
- Jegliche Art von Verknappung ist eine Ellipse.
- Verknappung ist typisch für poetische Texte.

Anhand des Gedichts *Altes Klassenfoto* von J. HENKYS will ich zeigen, daß die Verknappung dort größtenteils mit anderen Mitteln als dem der Ellipse erreicht wird. Andrerseits gehört der berühmte Haifischsong von Bert BRECHT zu den literarischen Texten, wo genau das umgekehrte Stilmittel, Aufschwellung, benutzt wird, hier sicherlich, um das Bänkelsängerhafte hervorzuheben:

(2-13) a Und der Haifisch, der hat Zähne, und die trägt er im Gesicht.
(in: HECHT et al. (eds.) 1988:

Die beiden *und* und das Platzhalter-*der* sind überflüssig. Doch wie prosaisch klingt das:

(2-13) b Der Haifisch hat Zähne, die er im Gesicht trägt.

Wir haben gesehen, daß Ellipse der Markierung von Koreferenz dienen kann. Dieser Fall tritt z.B. im STRAMM-Gedicht (T3) auf, aber auch in Fällen wie (2-14) und (2-15):

(2-14) a Veni, vidi, vici. b Ich kam, sah, siegte.
(2-15) a Mach auf! b Gib her!

Das Objekt der transitiven Verben *aufmachen* und *hergeben* in (2-15) ist jeweils elidiert; es ist koreferentiell mit einem in der Situation gebenen oder im Vortext genannten Referenten und könnte ebensogut durch ein Pronomen ausgedrückt werden: *sie* (d.h.: *die Tür*), *ihn* (d.h. z.B. *den Schlüssel*).

Diese Alternative zeigt sich auch im Sprachenvergleich. Das Lateinische - als eine "PRO-drop-Sprache" - gebraucht *veni* (mit Ellipse des Subjekts), wo wir im Deutschen *ich kam* (mit Pronomen) verwenden. Substitution und Ellipse sind alternative Kohäsionsmittel bei der Bezeichnung von Koreferenz; beide haben aber daneben noch andere Verwendungsweisen.

Es gibt noch zahlreiche andere kohäsive Mittel. BEAUGRANDE/DRESSLER (1981:4) rechnen dazu z.B. auch die Wortfolge; sie bringen das Verkehrsschild T15 als Beispiel:

T15

| LANGSAM SPIELENDE KINDER |

Da die Wortfolge in diesem Fall nicht verändert werden kann (*Kinder spielende langsam* ist ungrammatisch), sollte man hier nicht von einem Kohäsionsmittel sprechen: Wo die Reihenfolgebeziehung grammatisch geregelt ist, so daß man keine Wahl hat, kann auch keine Kohäsion vorliegen, denn Kohäsion beruht auf der Freiheit, bestimmte Mittel anzuwenden oder nicht (vgl. das Brecht-Beispiel). Womit die Autoren recht haben, ist, daß die Wortfolge in T15 zwei verschiedene Strukturierungen zuläßt: (*langsam*) (*spielende Kinder*) und ((*langsam spielende*) *Kinder*). Hier liegen bei gleicher linearer Folge zwei verschiedene grammatische Strukturen vor, die auch verschiedene Lesarten ergeben.

Ein wichtiges Kohäsionsmittel sind **Junktionen**. Sie kennzeichnen z.B. kausale oder temporale Relationen zwischen Sätzen, wobei der Sprecher oft die Wahl zwischen mehreren Junktionen oder zwischen Setzung und Nicht-Setzung einer Junktion hat:

(2-16) a Kahn kritisierte seinen Chef. Er wurde entlassen.
        b Kahn kritisierte seinen Chef. Daher wurde er entlassen.
        c Kahn kritisierte seinen Chef. Danach wurde er entlassen.

Diese Beispiele von Marga REIS (1980:2) sind keineswegs synonym, wenn sie auch in bestimmten Situationen mit gleicher Intention vom Sprecher und gleicher Interpretation durch den Adressaten verwendet werden können. Nur im mittleren Satz wird explizit ein kausales Verhältnis ausgedrückt, im letzten dagegen ein rein temporales, im ersten weder das eine noch das andere. In (2-16)a kann der Adressat nur aufgrund von Inferenz eine Kausalrelation herstellen.[14]

---

14 RICKHEIT et al. (1985:6) definieren Inferenz in erster Annäherung als "a cognitive process by which the reader or hearer acquires new information starting out from the explicitly conveyed textual information and

Das Hintereinander-Äußern zweier Sätze bewirkt im allgemeinen beim Hörer sofort die Herstellung eines Zusammenhangs zwischen diesen Sätzen (vgl. LANG 1977). Das scheint einem angeborenen Bedürfnis des Menschen nach der Herstellung von Zusammenhängen zu entsprechen. Man kann das anhand von zunächst unsinnig erscheinenden Folgen ausprobieren, wie z.B.:

(2-17)   Es regnet. Gib mir den Hund!

Eine mögliche Interpretation dieser Satzfolge ist, daß der Sprecher des Satzes sich mithilfe seines Hundes vor dem Regen schützen will. Eine andere sinnvolle Interpretation könnte darin bestehen, daß der Sprecher den Hund vor dem Regen schützen will.

Juristisch relevant ist nur der explizite sprachliche Ausdruck. Insofern könnte nur der Sprecher von (2-16)b zur Verantwortung gezogen werden, z.B. wegen Verleumdung in dem Fall, wo sich feststellen läßt, daß Kahn nicht wegen der Kritik an seinem Chef entlassen wurde, sondern aus anderen Gründen. In den beiden anderen Fällen kann man den Sprecher kaum haftbar machen.

Schließlich erwähnen BEAUGRANDE/DRESSLER 1981 noch die Tempora als Kohäsionsmittel. Tempora sind nun im Gegensatz zu den Junktionen obligatorische Mittel. Jedenfalls kann man keinen "normalen" Satz mit finitem Verb äußern, ohne ein Tempus zu gebrauchen. Das gilt nicht nur fürs Deutsche, sondern für die meisten, möglicherweise für alle Sprachen. Der Sprecher hat jedoch oft die Freiheit, zwischen mehreren Tempora zu wählen. Das hat WEINRICH 1964 (1971[2]) veranlaßt, Tempora als wichtige textgestaltende Mittel anzusetzen, als sogenannte "obstinate Zeichen", die so lange gelten, bis

"entweder der Text zu Ende geht oder die Geltung durch ein anderes Zeichen derselben Kategorie außer Kraft gesetzt wird" (1971[2]:12).

---

taking into account the context of the discourse". Später (ebd. S.7f.) engen sie den Begriff ein, indem sie folgende Textverarbeitungs-Prozesse annehmen: "(1) decoding, i.e. the generation of semantic information from non-semantic information, (2) encoding, i.e. the generation of non-semantic information from semantic information, and (3) inference, i.e. the generation of semantic information from semantic information".

Er behauptet sogar, Tempora drückten in erster Linie Sprechhaltungen aus, nicht Zeitrelationen, wobei er zwei Gruppen unterscheidet: besprechende und erzählende Tempora.

> "Texte, in denen besprechende Tempora eindeutig dominieren, werden dementsprechend besprechende Texte genannt. Als erzählende Texte gelten solche Texte, in denen erzählende Tempora eindeutig dominieren" (ebd., 20).

Diese Definition ist zirkulär: Der Tempus-Typ wird durch den Texttyp bestimmt und umgekehrt. Da Weinrich außerdem sieht, daß man in einem Text kaum durchweg die gleiche Tempusgruppe vorfindet (Präsens und Perfekt gehören zu den besprechenden, Präteritum und Plusquamperfekt zu den erzählenden Tempora), teilt er Texte so lange, bis relativ einheitliche Tempusgruppen herauskommen, wobei er sich dieser Manipulation auch bewußt wird (ebd., S.19). Durch besprechende Tempora signalisiert der Sprecher nach Weinrichs Meinung,

> "daß er beim Hörer für den laufenden Text eine Rezeption in der Haltung der Gespanntheit für angebracht hält. Durch erzählende Tempora gibt er in Opposition dazu zu verstehen, daß der in Frage stehende Text im Modus der Entspanntheit aufgenommen werden kann" (ebd., 33).

Daß dem nicht so ist, haben die Kritiker Weinrichs vielfach gerügt (vgl. z.B. POLLAK 1968 und MARKUS 1977, insbesondere S.16ff.). Mittlerweile sind fast alle Linguisten davon überzeugt, daß Tempora Zeitbezüge ausdrücken. Die Frage ist heute eher, welcher Art diese Zeitbezüge sind und welche Bezugspunkte (oder Bezugsintervalle) anzunehmen sind, an denen sich der Sprecher bei der zeitlichen Einordnung von Ereignissen orientiert (vgl. dazu VATER 1991b).

2.2 Kohärenz

Das zweite Textualitäts-Kriterium von BEAUGRANDE/DRESSLER (1981) ist die Kohärenz eines Textes.

Hier ist darauf aufmerksam zu machen, daß einige Autoren keinen Unterschied zwischen Kohäsion und Kohärenz machen. HALLI-

DAY/HASAN (1976) verwenden nur den Terminus "Kohäsion", benennen damit aber neben rein kohäsiven Mitteln wie Substitution und Ellipse auch Kohärenzphänomene wie Referenz. Daß hier etwas nicht stimmt, sieht man z.B. daran, daß die Koreferenz-Relation sowohl durch Substitution eines Pronomens als auch durch Rekurrenz oder Ellipse ausgedrückt werden kann. Referenz und Substitution sind also nicht auf der gleichen Ebene anzusiedeln.

In BUSSMANN (1990^2:389) wird zwischen Kohärenz im weiteren und im engeren Sinne unterschieden. Im weiteren Sinne wird Kohärenz als "textbildender Zusammenhang von Sätzen" gesehen,

> "der alle Arten satzübergreifender grammatischer (->Textgrammatik) und semantischer Beziehungen umfaßt. Neben den formalen Mitteln der Syntax und Morphologie (vgl. im einzelnen Kohäsion) sind vor allem semantische Strukturen kohärenzbildend, z.B. kausale oder temporale ->Konnexion ...". Im engeren Sinne "wird K. von der grammatischen Textverknüpfung (= Kohäsion) abgegrenzt und bezeichnet speziell den semantischen, der Kohäsion zugrundeliegbnden Sinnzusammenhang eines Textes, seine inhaltlich-semantische bzw. kognitive Strukturiertheit."

Ähnlich weit gefaßt ist auch der Kohärenzbegriff bei VAN DIJK 1980, wobei pragmatische Aspekte - Zusammenhänge zwischen Sprechakten - eine wichtige Rolle spielen, aber syntaktische Aspekte - nämlich wie semantische und pragmatische Zusammenhänge ausgedrückt werden - mit einbezogen sind.

Kohärenz bei BEAUGRANDE/DRESSLER 1981 umfaßt nun nicht die syntaktischen Mittel; es geht um semantisch-kognitive Aspekte von Texten wie Kausalitäts-, Referenz- und Zeitbeziehungen, also um rein inhaltliche (genauer: kognitive) Zusammenhänge. Das kognitive Moment führen BEAUGRANDE/DRESSLER (1981:7) im Zusammenhang mit der Tatsache an, daß der Textverwender auch da Zusammenhänge herzustellen versucht, wo solche gar nicht (durch kohäsive Mittel) markiert sind. Es sei an Beispiele wie (2-16) und (2-17) erinnert. Aber nicht nur die Interpretation eines Textes ist ein kognitiver Prozeß. Die gesamte einem Text zugrundeliegende Konstellation, die **Textwelt**, ist etwas Kognitives. Die Textwelt ihrerseits ist durch eine "Sinnkontinuität" bestimmt (BEAUGRANDE/DRESSLER 1981:88):

> "Wenn wir mit BEDEUTUNG ... die Fähigkeit oder das Potential eines sprachlichen Ausdrucks (oder eines anderen Zeichens) bezeichnen, Wissen (d.h. mögliche = virtuelle Bedeutung) darzustellen oder zu übermitteln, dann können wir mit SINN ... das Wissen bezeichnen, das tatsächlich durch die Ausdrücke innerhalb eines Textes übermittelt wird. Viele Ausdrücke haben mehrere mögliche Bedeutungen, aber unter normalen Bedingungen im Text nur einen Sinn."

Die "SINNKONTITUITÄT innerhalb des Wissens..., das durch Ausdrücke des Textes aktiviert wird" (ebd.) ergibt den Sinn eines Textes. Die Sinnkontinuität sehen die beiden Autoren als die Grundlage der Kohärenz an, die somit kognitiv bestimmt wird: durch den Zugriff auf Konzepte (Begriffe) und Relationen zwischen Konzepten. Eine solche dem Text zugrunde liegende Konstellation ist nun die Textwelt, die mit der realen Welt,

> "d.h. mit der von einer Gesellschaft oder sozialen Gruppe als gültig angesehenen Auffassung der menschlichen Lage, nicht unbedingt übereinstimmen muß..." (ebd.).

Also: Kohärenz in einem Text baut auf der Sinnkontinuität der zugrundeliegenden Textwelt auf. Sinn ist die im Textzusammenhang aktualisierte tatsächliche Bedeutung eines sprachlichen Ausdrucks. Die Textwelt ist die Gesamtheit der einem Text zugrundeliegenden Sinnbeziehungen; sie muß mit der realen Welt nicht unbedingt übereinstimmen: Es handelt sich um die vom Sprecher, von seinem Wissen und seinen Intentionen zugrundegelegte Textwelt.

Die Textwelt setzt sich aus Konzepten und Relationen zwischen diesen Konzepten zusammen. Konzepte sind in der Psychologie bzw. Kognitionswissenschaft angenommene Einheiten unseres Wissens, die sich aufgrund von Wahrnehmung und Erfahrung dort gebildet haben - und die nicht notwendig ein getreues Abbild der realen Welt ergeben. Besteht eine Diskrepanz zwischen der in der Textwelt ausgedrückten Konzept-Konstellation und unserem Wissen, d.h. der Art, wie die betreffenden Konzepte in unserem Bewußtsein verbunden sind, dann können wir keine Sinnkontinuität herstellen; der betreffende Text ist für uns sinnlos. Das ist z.B. bei dem Textoid T11 (Sängerin Josephine) oder T13 (Wetterlage) der Fall, bei vielen Textrezipienten möglicherweise auch bei dem Schwitters-Gedicht (2-08).

Konzepte sind keine monolithischen Einheiten, sondern setzen sich aus Merkmalen zusammen, die ihrerseits auch Merkmale anderer Konzepte sein können. Daher stellt man sich in der "Artificial Intelligence" Konzepte als Netzwerke solcher Merkmale vor (vgl. dazu z.B. NORMAN/RUMELHART 1975, SCHANK/ABELSON 1977, WETTLER 1980, BIERWISCH 1983). Ein Konzept ist nach BEAUGRANDE/DRESSLER (1981:89)

> "eine Konstellation von Wissen..., welches mit mehr oder weniger Einheitlichkeit und Konsistenz aktiviert oder wieder ins Bewußtsein gerufen werden kann."

"Aktivieren" heißt dabei soviel wie "in den aktiven Speicher des Gedächtnisses abrufen" (ebd.). Zu den einzelnen in der Kognitionswissenschaft angenommenen Gedächtnisspeichern vgl. ATKINSON/SHIFFRIN (1968) und SCHWARZ (1991:77ff), zur Struktur des semantischen Gedächtnisses KINTSCH (1972 und 1974), zur Erforschung der Gedächtnisfunktionen JOHNSON-LAIRD (1988).

BEAUGRANDE/DRESSLER (1981) stellen Konzepte und die Relationen zwischen ihnen ("Eigenschaft von", "Besitzer von", "Lokalisierung von" usw.) durch konzeptuelle Netzwerke dar. Ich will eine solche Netzwerkdarstellung an zwei kurzen Textbeispielen vorführen. Absichtlich habe ich Texte mit vereinfachter bzw. rudimentärer Grammatik gewählt, weil die inhaltlichen Beziehungen hier aufgrund des geringen formalen Aufwands besonders klar erkennbar sind.

T16   *Kochanweisung für eine Pilzsuppe*

Inhalt der Packung in 3/4 Liter kochendes Wasser einrühren und aufwallen lassen. Bei geringer Wärmezufuhr 5 Minuten kochen und dabei gelegentlich umrühren.
Bitte beachten: Reste der Pilzsuppe nicht wieder aufwärmen.

Abb.2 ist eine Netzwerkdarstellung der Kohärenzbeziehungen in T16. Koreferenzbeziehungen zwischen den (durchweg unausgedrückten) Agens-Konzepten und den Bezeichnungen für das Objekt (die Suppe) wurden im Diagramm nicht gekennzeichnet.

In T16 sind alle Sätze subjektlos - was durch die für Gebrauchsanweisungen typische Verwendung von Infinitivkonstruktionen erreicht wird. Selbstverständlich ist jedoch für jede der Handlungen in der "Textwelt" ein Agens vorauszusetzen, dem dann in der Oberflächenstruktur des Textes jeweils "0" - also kein sprachlicher Ausdruck - entspricht. Das Objekt ist mehrmals elidiert, aber leicht zu erschließen: Es handelt sich um den vorerwähnten Inhalt der Packung (der sich allerdings mittlerweile durch Hinzufügung von heißem Wasser in seiner Konsistenz geändert hat). Interessant wäre hier die Überlegung, ab wann es sich bei besagtem Packungsinhalt um eine Pilzsuppe handelt. In Abb.2 wird angenommen, daß die beiden am Anfang genannten Ingredienzien (Inhalt der Packung und Wasser) zusammen mit der im weiteren nicht genannten ("durch 0 ausgedrückten") Substanz referenzidentisch sind, die ihrerseits mit *Pilzsuppe* koreferiert.

Abb.2 Netzwerkdarstellung von T16

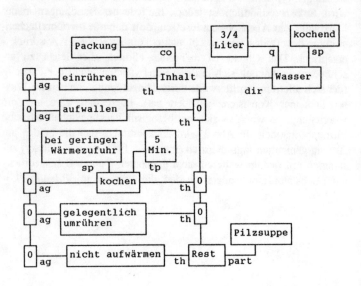

Legende

ag	= Agens	co =	enthalten in
dir	= Richtung	part	= Teil von
q	= Quantität		
sp	= Spezifizierung von		
th	= Thema		
tp	= temporale Spezifizierung		

T17 ist ein Text in Gastarbeiterdeutsch.

T17   *Bericht eines Gastarbeiters*

Klein, nicht viel Schule; heute hundert Prozent besser Spanien; mein Sohn, zehn Jahre, immer Schule, alle Schule ... heute vier Schule neu, mein Dorf, eine Schule vielleicht hundert Kinder.

Abb.3 zeigt die Kohärenzbeziehungen von T17 als Netzwerk-Darstellung.

Abb.3 Netzwerkdarstellung von T17

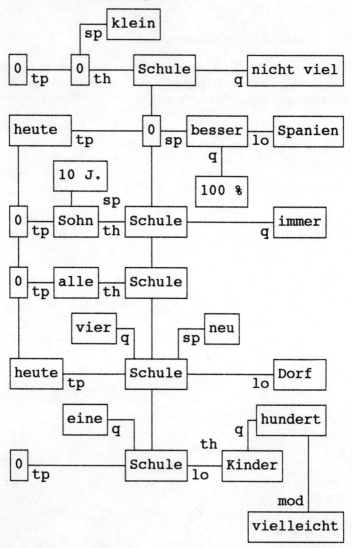

Legende: lo = Lokalisierung; mod = Modalität; andere Markierungen s.Abb.2.

T17 zeichnet sich durch starke Kohäsion aus, wenn auch Pronomina als Kohäsionsmittel nur spärlich vorkommen (zweimal *mein*) und Determinantien überhaupt nicht. Das Hauptkohäsionsmittel ist die Rekurrenz, die besonders das Wort *Schule* betrifft; das ist nicht verwunderlich, denn es geht um das Schulwesen in Spanien. Es ist aber darauf aufmerksam zu machen, daß die verschiedenen Vorkommen von *Schule* nicht koreferent sind; es bestehen andere Kohärenzbeziehungen zwischen ihnen:

- *Schule1*: Schule, in die der Sprecher als Kind ging - möglicherweise aber weiter zu fassen (Schulwesen in seinem Bezirk?);
- *Schule2*: Schule, in die der Sohn des Sprechers heute geht;
- *Schule3*: Schule als Institution in Spanien bzw. Gesamtheit aller Schulen in Spanien;
- *Schule4*: Gesamtheit der Schulen im Heimatdorf des Sprechers;
- *Schule5*: Eine (bzw. jede?) der vier Schulen im Dorf[15].

Ein anderes Kohäsionsmittel ist die Ellipse. Sie betrifft grundsätzlich die Bezeichnung der Person des Autors und die Zeitangaben sowie einmal das Schulwesen im heutigen Spanien (*Schule3*).

Die Zeitverhältnisse sind, da keine Tempora vorkommen, meist nur indirekt zu erschließen: Daß die Jetzt-Zeit, d.h. die den Sprechvorgang überlappende Zeit nicht explizit genannt ist, ist beinahe die Regel. Sie ist sozusagen der "default-value", der nicht gesetzt zu werden braucht, sondern gilt, wenn nicht auf ein anderes Zeitintervall Bezug genommen wird. Der Sprecher erreicht eine zeitliche Einordnung der geschilderten Ereignisse einerseits durch das Adverb *heute*, das für die Jetztzeit steht, andererseits durch einen indirekten Bezug, durch Verweis auf sein Alter: *Klein* bezieht sich auf die (nicht genannte) Person des Sprechers; im Standarddeutschen wäre hier der Temporalsatz *als ich klein war* zu erwarten.

---

15 Vgl. hierzu die Darstellung der semantischen und konzeptuellen Struktur solcher Institutions-Substantive (*Schule, Oper* usw.) bei BIERWISCH (1983).

2.3 Intentionalität

Dieses Textualitäts-Merkmal bezieht sich nach BEAU-GRANDE/DRESSLER (1981:8f) auf

> "die Einstellung (engl. "attitude") des Textproduzenten, der einen kohäsiven und kohärenten Text bilden will, um die Absichten seines Produzenten zu erfüllen, d.h. Wissen zu verbreiten oder ein in einem PLAN angegebenes Ziel zu erreichen."

Mir ist nicht ganz klar, warum Intentionalität ein Kriterium für Textualität sein soll. Intentionalität ist m.E. eine Voraussetzung für jede Art von Kommunikation - jedenfalls solange man sie auf bewußtes Kommunikationsverhalten eingrenzt.[16] Insofern ist Intentionalität nichts Textspezifisches, sondern eine allgemeine Voraussetzung für jede Art sprachlicher und nichtsprachlicher Kommunikation. Noch unklarer ist mir der Verweis auf Kohäsion und Kohärenz im obigen Zitat oder im folgenden:

> "Im engen Sinne des Wortes INTENDIERT der Produzent eines Textes sein Produkt als kohäsiven und kohärenten Text." (ebd., S.118).

Zum einen sind Kohäsion und Kohärenz ja - wie es bei allen Textualitäts-Kriterien sein sollte - unabhängige Kriterien, die nicht wiederum Teil eines anderen Kriteriums sein können. Zum anderen

---

16 Es gibt allerdings auch eine sehr weite Auffassung von Kommunikation, nach der jedes Verhalten, ja sogar Nicht-Verhalten kommunikativ ist: "Now, if it is accepted that all behavior in an interactional situation has message value, i.e., is communication, it follows that no matter how one may try, one cannot not communicate. Activity or inactivity, words or silence all have message value: they influence others and these others, in turn, cannot not respond to these communications and are thus themselves communicating." (WATZLAWICK et al. 1967:48f.). Es gibt auch die Auffassung - die z.B. von ISENBERG (1977:144) vertreten wird -, nach der sprachliche Kommunikation in Form von Texten vor sich geht, Text also die Einheit ist, "in der sich die sprachliche Kommunikation organisiert" (ebd.). Nach dieser Auffassung läßt sich Intentionalität natürlich als Textualitäts-Merkmal rechtfertigen.

kommen sehr wohl Fälle vor, in denen der Textproduzent nicht Kohäsion und/oder Kohärenz intendiert. Auch die Beispiele von BEAUGRANDE/DRESSLER (1981:119f.) sind nicht sehr überzeugend:

T18   *Wessex Tales and a Group of Noble Dames* von Thomas HARDY (Ausschnitt)

"Nun, Sir", sagte der Konstabel, "er ist der Mann, den wir suchten, das stimmt; und doch ist er nicht der Mann, den wir suchten. Denn der Mann, den wir suchten, war nicht der Mann, den wir haben wollten, Sir, wenn Sie meine einfältige Rede verstehen."

T19   *Der zerbrochene Krug* von Heinrich von KLEIST (Ausschnitt)

WALTER:	Wie kamt ihr doch zu Eurer Wund', Herr Richter?
	Das ist ein böses Loch, fürwahr, im Kopf, das!
ADAM:	Ich fiel.
WALTER:	Ihr fielt [...] Worüber?
ADAM:	Über - gnäd'ger Herr Gerichtsrat,
	Die Wahrheit Euch zu sagen, über mich;
	Ich schlug auch häuptlings an dem Ofen nieder.
	Bis diese Stunde weiß ich nicht, warum.
WALTER:	Von hinten?
ADAM?	Wie? Von hinten -
WALTER:	Oder vorn?
	Ihr habt zwei Wunden, vorne ein' und hinten.
ADAM:	Von vorn und hinten.

In beiden Texten geht es darum, daß sich ein Sprecher verheddert, wodurch die Kohärenz gestört wird. Dabei handelt es sich jedoch im ersten Fall um eine Komplikation, die offenbar nicht zu Lasten des Textproduzenten geht, sondern auf die komplizierten Verhältnisse zurückzuführen ist, die er beschreiben will. Im zweiten Fall, in Kleists Stück "Der zerbrochene Krug", haben wir einen Dialog, der der Wahrheitsfindung dienen soll - wie in einer Gerichtsverhandlung üblich. Wenn sich ein Angeklagter oder Zeuge in Widersprüche verstrickt, so kann es zwar tatsächlich zu Sprüngen oder Kontradiktionen kommen. Diese Inkohärenzen in den Aussagen eines im Text vorkommenden Sprechers stören aber nicht die Kohärenz des Gesamttexts - im Gegenteil, sie gehören dazu. Dabei ist die Abhängigkeit des Kohärenzbegriffs von der Textsorte spürbar.

2.4 Akzeptabilität

Wie Intentionalität ist auch Akzeptabilität ein "verwender-zentriertes" Kriterium (vgl. BEAUGRANDE/DRESSLER 1981:8) - im Gegensatz zu Kohäsion und Kohärenz, die die Autoren "text-zentrierte" Begriffe nennen (ebd.). "Intentionalität" und "Akzeptabilität" sind beide Termini der Sprechakttheorie.

Akzeptabilität (BEAUGRANDE/DRESSLER 1981:9)

"betrifft die Einstellung des Text-Rezipienten, einen kohäsiven und kohärenten Text zu erwarten, der für ihn nützlich oder relevant ist, z.B. um Wissen zu erwerben oder für Zusammenarbeit in einem Plan vorzusorgen. Diese Einstellung spricht auf Faktoren an wie Textsorte, sozialen oder kulturellen Kontext und Wünschbarkeit von Zielen. Hier könnten wir die Aufrechterhaltung von Kohäsion und Kohärenz auch als Ziel des Textrezipienten betrachten, insofern er selbst Material beisteuert oder Störungen, wenn erforderlich, überwindet."

Auch hier sind Bedenken anzumelden. Wie Intentionalität, so ist auch Akzeptabilität eher eine allgemeine Voraussetzung für erfolgreiches Kommunizieren als ein Kriterium für Textualität. Zudem ist Akzeptabilität in starkem Maße subjektiv. Gehört sie mit zu den Textualitäts-Kriterien, dann müßte ein und dasselbe Gebilde von einem Rezipienten als Text aufgefaßt werden, von einem anderen nicht. Vielleicht ist das sogar in vielen Fällen - z.B. bei Kunstprosa und Poesie - wünschenswert, in andern Fällen - bei Gebrauchstexten (z.B. Gesetzestexten, Studienordnungen, Kochrezepten usw.) - sicher nicht.

Man kann sich m.E. darauf einigen, daß Akzeptabilität - bzw. das Bemühen um Akzeptabilität, wie es z.B. beim Inferenz-Ziehen zum Ausdruck kommt - eine Rolle spielt bei der Textrezeption. Im Gegensatz zu Kohäsion und Kohärenz und den andern noch zu nennenden Kriterien kann Akzeptabilität jedoch ebensowenig ein Merkmal von Textgebilden sein wie Intentionalität.

Akzeptabilität bezieht sich unter anderem auch auf die Angemessenheit der verwendeten Sprachmittel, d.h. auf Stilart und Stilfärbung bzw. auf Sprachvariation im weiteren Sinne. Hier ein Beispiel dafür, wie ein Thema in zwei verschiedenen Sprachstilen dargeboten werden kann, die natürlich in unterschiedlichem Maße situationsangemessen und damit akzeptabel sind:

T20a

"Verehrte Schnorrer, Müslistampfer, Willis und Schnepfen!
Das Antörnen von Teenies ist für unser Land eine echt coole Sache. Auch wird jeder ne geile Azubistelle raffen können, nur nicht immer dort, wo seine Alten rumhängen. Ein so aufgemotztes und aufgepowertes Land muß es checken, diesen Brassel zu schnallen. ..."

(Kohls Regierungserklärung, von Bonner Schülern in die Jugendsprache übersetzt, *Kölner Stadtanzeiger*, 18.10.1983:3)

T20b

"Herr Präsident, meine sehr verehrten Damen und Herren!
Unser Staat braucht die zupackende Mitarbeit der jungen Generation. In diesem Jahr werden alle Jugendlichen, die ausbildungswillig und ausbildungsfähig sind, eine Lehrstelle erhalten können. Allerdings wird nicht jeder - das sage ich schon seit Monaten - seinen Wunschberuf erlernen und nicht jeder dort in die Lehre gehen können, wo er möchte, wo er wohnt. Ein hochentwickeltes Industrieland wie die BRD muß es möglich machen, diese schwierige Aufgabe zu lösen."

(Kohls Regierungserklärung im Originalton, *Kölner Stadtanzeiger*, 18.10.1983:3)

Die im obigen Zitat erwähnte Einstellung des Text-Rezipienten ist sicher zu eng eingegrenzt, wenn die Autoren sie beschreiben als Bereitschaft, "einen kohäsiven und kohärenten Text zu erwarten, der für ihn nützlich oder relevant ist". Texte wie T18a sind sicher weder nützlich noch relevant für den Rezipienten; sie helfen ihm auch nicht, "Wissen zu erwerben oder für Zusammenarbeit in einem Plan vorzusorgen". Ja, es gibt sogar Texte, die insgesamt oder in Teilen nicht kohärent sind und trotzdem akzeptiert werden, weil offenbar auch Unsinn Vergnügen bereiten kann:

T21   *Dunkel war's, der Mond schien helle* nach H. KUNZE

Dunkel war's, der Mond schien helle,
Schneebedeckt die grüne Flur,
Als ein Wagen blitzeschnelle
Langsam um die Ecke fuhr.
Drinnen saßen stehend Leute
Schweigend ins Gespräch vertieft,
Während ein geschossner Hase
Auf der Wiese Schlittschuh lief.
Und auf einer roten Bank,
Die blau angestrichen war,
Saß ein blondgelockter Jüngling
Mit kohlrabenschwarzem Haar.
Neben ihm 'ne alte Schachtel,
Zählte kaum erst sechzehn Jahr.
Und sie aß ein Butterbrot,
Das mit Schmalz bestrichen war.
Droben auf dem Apfelbaume,
Der sehr süße Birnen trug,
Hing des Frühlings letzte Pflaume
Und an Nüssen noch genug.

2.5 Informativität

Unter Informativität verstehen BEAUGRANDE/DRESSLER (1981:10) im informationstheoretischen Sinne

> "das Ausmaß der Erwartetheit bzw. Unerwartetheit oder Bekanntheit bzw. Unbekanntheit/Ungewißheit der dargebotenen Textelemente."

Als Beispiel bringen sie T22, eine Warnung der Bell Telephone Company an ihre Kunden (in dt. Übersetzung), wo aufgrund der (ironischen) Verknappung die Behauptung, der Kunde könne zu einem Anruf unfähig sein, weit weniger erwartbar ist als in T22a (dem korrigierten, expliziteren Text):

T22

Rufen Sie uns an, bevor Sie graben. Später kommen Sie vielleicht nicht mehr dazu.

T22a

Rufen Sie uns an, bevor Sie graben. Bei Ihnen könnte ein Untergrundkabel liegen. Wenn Sie das Kabel durchreißen, haben Sie keinen Anschluß mehr und Sie könnten sogar einen heftigen Elektroschock erleiden. Dann wären Sie nicht mehr in der Lage, uns anzurufen.

Die Autoren sagen mit Recht, daß der informativere Text gleichzeitig effektiver ist. Offenbar haben die Menschen eine Abneigung dagegen, etwas mitgeteilt zu bekommen, was sie schon wissen oder sich selbst zusammenreimen können. So stoßen ältere Leute, die die gleiche Geschichte zum hundertsten Mal erzählen, auf wenig Verständnis.

Informativität in der oben gegebenen Definition ist jedoch ein problematisches Kriterium. Wenn ein Text, der nur Bekanntes enthält, nicht informativ ist, müßte umgekehrt ein Text, der nur Unbekanntes bringt - wie T23 -, höchstgradig informativ sein.

T23 Das große Lalula von Christian MORGENSTERN

Kroklokwafzi? Sememi!
Seiokrontro - prafriplo:
Bifzi, bafzi; hulalemi:
quasti basti bo...
Lalu lalu lalu lalu la!

Hontraruru miromente
zasku zes rü rü?
Entepente, leiolente
klekwapufzi lü?
Lalu lalu lalu lalu la!

Simarar kos malzipempu
silzuzankunkrei (;)!
Marjomar dos: Quempu Lempu
Siri Suri Sei []!
Lalu lalu lalu lalu la!

Man muß Informativität einschränken, um dieses Kriterium anwendbar zu machen, indem man statt "Erwartetheit bzw. Unerwartetheit ... der dargebotenen Textelemente" die Erwartetheit bzw. Unerwartetheit von Zeichen aus einem dem Rezipienten bekannten Zeicheninventar setzt[17].

Informativität wird jedoch auch als "Thematizität" verstanden, d.h. als Eigenschaft des Textes, ein Thema zu haben (vgl. 3). Es gibt Text-

---

17 Das würde auch Überlegungen der Informationstheorie Rechnung tragen, wie sie z.B. in KLAUS (1968:269) ausgedrückt sind: "In der -> Informationstheorie ... handelt es sich bei der Realisierung von Ereignissen um -> Zeichen (Nachrichtenelemente), die von einer Quelle ... durch einen Auswahlvorgang aus einem Zeichenvorrat ... erzeugt, von einem Sender aus einer statischen Signalform ... in eine dynamische Signalform ... umgesetzt und in dieser Form von einem Empfänger beobachtet bzw. aufgenommen werden."

linguisten, die Informativität im Sinne von Thematizität als notwendiges Merkmal von Texten in Abrede stellen. So spricht JAESCHKE 1980 (zitiert bei MACKELDEY 1987:39) bestimmten Dialogarten, z.B. dem Dialog zwischen Käufer und Verkäufer beim Erwerb von Eintrittskarten, Thematizität ab. Dem widerspricht MACKELDEY (1987:39):

> "Texte sind generell durch Informativität gekennzeichnet (NEUBERT 1982, 33f.), es gibt keine Texte ohne inhaltliche Informationen. ... Wenn das Thema als Konzentration und Abstraktion des Textinhalts begriffen wird, dann kann die aus dem Text durch Zusammenfassung und Abstraktion der sprachlich geäußerten Intentionen zu erschließende Tätigkeitsbezeichnung 'Erwerb von Eintrittskarten' zugleich als Thema des Textes gelten."

Er schlußfolgert (ebd., 40):

> "Athematische Texte existieren nicht. Texte, auch dialogische, weisen generell Thematizität auf. Sprachlich sehr stark reduzierte Dialoge können durch implizite Thematizität gekennzeichnet sein."

2.6 Situationalität

Situationalität betrifft die Faktoren, die einen Text für eine Kommunikations-Situation relevant machen.

So ist T15, hier als (2-18) wiederholt, nur durch die situativen Faktoren - an Straßenrändern befindliches, an Autofahrer gerichtetes Verkehrsschild - interpretierbar.

Die grammatisch gleich konstruierte Botschaft (2-19) ist jedoch nicht als Gebot, sondern lediglich als Hinweis zu verstehen.

(2-18) LANGSAM SPIELENDE KINDER !
(2-19) LAUFEND FRISCHE BRÖTCHEN !

Beide Folgen sprachlicher Ausdrücke sind grammatisch doppeldeutig:

(2-18) a (langsam) (spielende Kinder)
        b ((langsam spielende) Kinder)
(2-19) a (laufend) (frische Brötchen)
        b ((laufend frische) Brötchen)

Diese Doppeldeutigkeiten bleiben auch in den nicht-elliptischen Sätzen (2-20) und (2-21) erhalten:

(2-20)   Ich habe langsam spielende Kinder umfahren.
(2-21)   Ich habe laufend frische Brötchen bestellt.

Hier wird die Situationalität die jeweils erste Lesart von (2-20) und (2-21) als geeigneter (da situationsangepaßter) erscheinen lassen: *Langsam* und *laufend* werden dabei jeweils auf das Verb, nicht auf das folgende Adjektiv bezogen.

Situationalität liegt auch vor, wenn Studenten, die eine an einem germanistischen Seminar angebotene Vorlesung über Morphologie besuchen, kaum erwarten, etwas über Knochenbau zu hören, wogegen andererseits in einer Morphologie-Vorlesung für Mediziner kaum die Struktur von Wörtern zur Diskussion stehen dürfte.

2.7 Intertextualität

Das letzte Kriterium ist die Intertextualität, die bei BEAUGRANDE/DRESSLER (1981:13 und 188ff.) offenbar auf zweierlei Art verstanden wird:
- als Bezug auf die Textsorte,
- als Bezug auf andere Texte.

Ersteres meinen sie, wenn sie Intertextualität (ebd., 8) "für die Entwicklung von TEXTSORTEN als Klassen von Texten mit typischen Mustern von Eigenschaften verantwortlich" machen. Andrerseits erwähnen sie, daß z.B. bei Parodien und Kritiken Produzent und Rezipient "den vorherigen Text zu Rate ziehen" müssen. Mir scheint Intertextualität in der zweiten Lesart als Textualitäts-Kriterium interessant zu sein, nicht in der ersten, da sich die Textsorte wohl aus einem Geflecht verschiedener Phänomene ergibt: der Intention des Textproduzenten, der gewählten Form, der Situation usw. (vgl. 5).

Intertextualität im zweiten - hier relevanten - Sinne liegt z.B. vor bei Kabarett-Titeln wie *schwarz-weiß-tot*, was natürlich nur durch Bezug auf *schwarz-weiß-rot* zu verstehen ist. In der Literatur spielt Intertextualität eine große Rolle. Hier zwei Beispiele:

T24   *Altes Klassenfoto* von Jürgen HENKYS

Wir hatten keine Aula damals.
Im Zeichensaal Zwei Lieder lang
Hob jeder den Arm.

Die Schrägwand seh ich,
Fensterlos.
Nie fiel von ihr der schmutzige Dämmer ab.
Über den Bäumen hing er,
Über der Büste.

Weniges ging uns über alles.
Eigentlich nichts.
Vorn saßen die Mädchen. Dazwischen
Unsere Wünsche. Die bebten
In ihren Reihen mit.

Nein, die Arme
Wankten nicht. In den Schlaufen
Der unbefragten Gewohnheit, die überall
Von der Decke hingen, lag die gestreckte
Hand bequem.

Ich sage nicht: Wir wurden verführt. Ich sage:
Wir hatten kein anderes Angebot.
Verfluchtes Bedürfnis nach einer Gebärde -
Zwei Lieder lang
Der Arm ein Brett.

Schrägwand. Sturzwand. Fünf
Reihen Gesichter. Vorn
Die Mädchen. Es waren

Für ihre Särge
Nicht genug Bretter da.

Stricke mit Schlaufen
Konnten aufgetrieben werden
Bis ans Ende.

Dieses Gedicht eines nicht sehr bekannten Autors erscheint mir für Linguisten wie Literaturwissenschaftler gleichermaßen interessant wegen der vielen Intertextualismen (so möchte ich intertextuelle Anspielungen nennen), die geschickt eingesetzt sind zur impliziten Darstellung von Relationen im Text. Das Gedicht ist in vieler Hinsicht sehr knapp im Ausdruck. Die Zeitbezüge können z.B. nur durch Inferenzen ermittelt werden; gerade dabei aber spielen die Intertextualismen eine entscheidende Rolle.

Durch den Titel erfährt man nur, daß das Gedicht in der Jugendzeit des Autors spielt und daß der Ort eine Schule ist - die Schule, in die der Autor - bzw. der Ich-Erzähler - ging. Man ist im übrigen nicht auf den Titel angewiesen, um das zu erkennen: Das Adverbial *damals* verweist auf die Vergangenheit, die Nennung des Zeichensaals und der Verweis auf die vorn sitzenden Mädchen lassen auf einen Schulraum schließen; direkt gesagt wird es allerdings nicht.

Die Frage nun, wie dieses *damals* genauer zu bestimmen ist, d.h. um welche spezifische Zeitperiode es sich handelt, kann eindeutig aufgrund der intertextuellen Verweise ermittelt werden. Gleich anfangs werden zwei Lieder erwähnt. Diese Lieder werden nicht beim Namen genannt, aber man erfährt, daß es Lieder waren, bei deren Absingen der Arm gehoben wurde (bis er sich wie ein Brett anfühlte). Die Zeile *Weniges ging uns über alles* ist nun unschwer als ironische Anlehnung an die erste Zeile des Deutschlandliedes aufzufassen; die Zeile *Die bebten in ihren Reihen mit* wiederum ist im Zusammenhang des Gedichts als - ebenfalls ironische - Anknüpfung an das Horst-Wessel-Lied zu verstehen, nämlich an die Zeile *Kam'raden, die Rotfront und Reaktion erschossen, marschier'n im Geist in unsern Reihen mit.*

Beide Lieder nun waren gerade die Lieder, bei deren Absingen im Dritten Reich der Arm zum Deutschen Gruß gehoben werden mußte.

Über diese beiden - nicht explizit genannten - Lieder erfährt man indirekt den genauen Zeitbezug.

Das zweite Beispiel ist ebenfalls ein Gedicht, diesmal mit interkontextuellen Gegenwartsbezügen.

T25   *Sozialistischer Biedermeier* von Kurt BARTSCH

Zwischen Wand- und Widersprüchen
Machen sie es sich bequem.
Links ein Sofa, rechts ein Sofa
In der Mitte ein Emblem.

Auf der Lippe ein paar Thesen
Teppiche auch auf dem Klo.
Früher häufig Marx gelesen
Aber jetzt auch so schon froh.

Denn das 'Kapital'trägt Zinsen:
Eignes Auto. Außen rot.
Einmal in der Woche Linsen.
Dafür Sekt zum Abendbrot.

Und sich noch betroffen fühlen
Von Kritik und Ironie.
Immer eine Schippe ziehen
Doch zur Schippe greifen nie.

Immer glauben, nur nicht denken
Und das Mäntelchen im Wind.
Wozu noch den Kopf verrenken
Wenn wir für den Frieden sind?

Brüder, seht die rote Fahne
Hängt bei uns zur Küche raus.
Außen Sonne, innen Sahne.
Nun sieht Marx wie Moritz aus.

Die im Gedicht aufs Korn genommene geistige Haltung, die der Autor als "sozialistischen Biedermeier" bezeichnet, ist zwar in erster Linie für Literaturwissenschaftler, Soziologen und Politologen interessant. Die sprachlichen Mittel, die der Autor für seine ironische Analyse benutzt, bilden jedoch einen Gegenstand der Textlinguistik, so daß es sich hier um einen der Bereiche handelt, wo der Linguist dem Literaturwissenschaftler zuarbeiten kann (ohne daß man deshalb die von einigen Literaturwissenschaftlern vertretene Ansicht zu vertreten braucht, daß die Linguistik als Hilfswissenschaft für die Literaturwissenschaft aufzufassen sei).

Die interkontextuellen Bezüge sind nun ihrerseits kein rein sprachliches Mittel, sondern ebenso ein ästhetisches. Ich will mich hier weitgehend auf den sprachlichen Anteil an allen direkten und indirekten Intertextualismen beschränken. Ein anderer Bereich des Gedichts, in dem das Sprachliche eine große Rolle spielt, der Bereich der Referenzbeziehungen, soll später erörtert werden.

Zum Verständnis des Gedichts wichtig ist neben dem zugrundegelegten Weltwissen auch die Struktur: Die Analyse des "sozialistischen Biedermeiers" erfolgt auf zwei Ebenen, einer geistigen und einer materiellen. Die materielle Ebene ist dabei nur Widerspiegelung der geistigen, denn die Wohnungseinrichtung der kritisierten Personen spiegelt ihre geistige (oder besser: ungeistige) Haltung.

Die geistige Haltung wiederum wird antithetisch dargestellt: Der zur Schau getragenen revolutionär-kämpferischen Haltung wird die innere Spießigkeit gegenübergestellt, ähnlich wie HEINE das in *Deutschland. Ein Wintermärchen* tut, wenn er sagt: "Ich weiß, sie tranken heimlich Wein und predigten öffentlich Wasser." Diese Antithetik kommt sprachlich zum Ausdruck durch die Gegenüberstellung von *außen* und *innen* (z.B. *außen Sonne, innen Sahne*), wobei auch manchmal nur die eine Seite des Gegensatzes genannt wird (z.B. *außen rot* in Bezug auf das Auto). Antithetisch ist auch das Wortspiel *Immer eine Schippe ziehen, doch zur Schippe greifen nie*, wobei *Schippe* beim zweiten Vorkommen wörtlich verwendet wird, beim ersten metaphorisch (berlinisch *Schippe* bedeutet "unmutig vorgeschobene Unterlippe", vgl. KLAPPENBACH/STEINITZ 1977, *Wörter-*

buch der deutschen Gegenwartssprache, S.3213)[18]. Charakteristisch für die Antithetik ist auch die Gegenübersetzung von *immer* und *nie* (andernorts auch *nicht*: *Immer glauben, nur nicht denken*).

Neben der Antithetik sind nun vor allem die Intertextualismen interessant. So wird die erste Zeile eines alten Arbeiterlieds zitiert, das in der ehemaligen DDR bei allen staatlich gelenkten Demonstrationen gesungen wurde: *Brüder, seht die rote Fahne*. Doch statt der authentischen Fortsetzung *weht euch kühn voran* heißt es hier: *hängt bei uns zur Küche raus*. Diese ironische Abwandlung dient dazu, das Verkümmern des alten Kampfgeistes, das Umschwenken der revolutionären in die konsumierende Haltung zu kennzeichnen. Auch der Slogan *Wir sind für den Frieden*, den man aus dem Munde der SED-Bonzen oft hörte und der für alles herhalten mußte, fehlt nicht; er dient hier zur Entschuldigung für das nicht stattfindende Denken.

In fast allen von Bartsch benutzten Intertextualismen findet gleichzeitig mit der Umdeutung des Inhalts eine Abänderung der Form statt, manchmal kaum merklich: So wird beim Kapital, das Zinsen trägt, gleichzeitig auf das Buch *Das Kapital* von Karl MARX angespielt; erreicht wird das durch Apostrophierung des Worts *Kapital*. In einem andern Fall wird auf den Titel einer Kindergeschichte von Wilhelm BUSCH verwiesen; doch aus *Max* (in *Max und Moritz*) wird durch Einfügung eines *r* plötzlich *Marx*.

An diesem Gedicht kann man die Technik des Wortspiels hervorragend demonstrieren. Sie ist vielfach mit Umdeutungen verbunden. Die Umdeutung kann formal gekennzeichnet sein, wie etwa durch die Apostrophe in *Kapital* oder das eingefügte *r* in *Max*, oder aber völlig ohne direkte sprachliche Manipulation vonstatten gehen, was dann für den Leser oder Hörer natürlich schwieriger ist. Hier kann nur der Kontext oder das Weltwissen helfen. So ist es bei der zitierten Zeile aus dem Arbeiterlied, wo der nachfolgende Kontext klarmacht, daß man es mit einer Umdeutung zu tun hat. Im Fall von *eine Schippe ziehen* und *zur Schippe greifen* hilft auch der Kontext nicht; der Rezipient braucht Weltwissen, sprachliches Wissen (er muß die Redewendung kennen) und Einblick in die Gesamtstruktur des Gedichts, vor allem die durchgängige Antithetik.

---

18 Diese - offenbar auf den brandenburgisch-berlinischen Raum beschränkte - Redewendung bedeutet "den Mund schmollend verziehen".

Ein Wortspiel infolge von Umdeutung ist auch der Anfang, der gleich das Gesamtthema charakterisiert: *zwischen Wand- und Widersprüchen*. Hier wird ähnlich wie bei *Schippe* mit zwei Bedeutungen des Worts *Spruch* gespielt, der konkreten in *Wandspruch* und der abstrakten in *Widerspruch*, wobei sich der Unterschied aus der unterschiedlichen morphologischen Struktur ergibt: *Wandspruch* ist ein Kompositum, *Widerspruch* eine implizite Ableitung vom Verb *widersprechen*.

2.8 Gesamtheit der Textualitäts-Kriterien

Ich möchte hier die Frage aufgreifen, ob wirklich nur die Gesamtheit der Textualitäts-Kriterien Textualität ausmacht. Wir haben bereits gesehen, daß Informativität, wenn sie wirksam anwendbar sein soll, reduziert werden muß auf Informativität eines Textes, der aus Lexikoneinheiten einer Sprache L zusammengesetzt ist. Das impliziert natürlich auch Lexikoneinheiten, die aus einer anderen Sprache (L') entlehnt sind.

Intentionalität und Akzeptabilität sind fragwürdige Textualitäts-Kriterien; sie sind Voraussetzungen für Kommunikation an sich. Andrerseits ist z.B. Akzeptabilität relativ: der gleiche Text kann von einem Sprecher als Text akzeptiert werden, von einem andern nicht - was bei moderner Lyrik sicher oft der Fall ist.

Situationalität spielt zweifelsohne eine Rolle; sie trägt zur Textualität bei. Aber ist ein nicht situations-adäquater Text kein Text? Kann man nicht nach einer Predigt, einer Vorlesung, einer Regierungserklärung usw. sagen: "Er/sie hat über die Köpfe der Leute hinweg geredet"? Damit sagt man doch wohl, daß der betreffende Text nicht situationsadäquat war, aber nicht, daß er kein Text war. Natürlich gilt das auch für den umgekehrten Fall: Der Redner hat sich Gedanken über sein Thema gemacht, er hat auch etwas zu sagen, aber er macht zu viele Worte, fängt bei Adam und Eva an, wiederholt sich; jeder hat schon längst verstanden, worum es geht, aber der Redner ist immer noch nicht zum Kern der Sache vorgedrungen. Hier kann man dem Redner vorwerfen, daß er sein Publikum unterschätzt hat - z.B. daß er zu einem Fachpublikum so geredet hat, als spräche er in der Volkshochschule. Aber hat er keinen Text produziert? Ich meine, daß er einen Text produziert hat, nur eben keinen situationsadäquaten.

Daß Kohäsion - so wichtig sie auf den ersten Blick erscheinen mag - fehlen kann, zeigt das Stramm-Gedicht T3. Trotz fehlender Kohäsion gibt es Kohärenz, denn man erkennt, daß ein Thema abgehandelt wird, das Thema "Patrouille(ngang)", das in diesem Fall nur aus der Überschrift erschließbar ist.

Noch deutlicher wird das an folgendem Text, wiederum einem Gedicht:

T26   *Die Dämmerung* von Alfred LICHTENSTEIN

Ein dicker Junge spielt mit einem Teich.
Der Wind hat sich in einem Baum gefangen.
Der Himmel sieht verbummelt aus und bleich,
Als wäre ihm die Schminke ausgegangen.

Auf lange Krücken schief herabgebückt
Und schwatzend kriechen auf dem Feld zwei Lahme.
Ein blonder Dichter wird vielleicht verrückt.
Ein Pferdchen stolpert über eine Dame.

An einem Fenster klebt ein fetter Mann.
Ein Jüngling will ein weiches Weib besuchen.
Ein grauer Clown zieht sich die Stiefel an.
Ein Kinderwagen schreit und Hunde fluchen.

Hier bildet wirklich nur noch der Titel die inhaltliche Klammer. Jeder einzelne Satz steht für sich und hat von sich aus nicht nur keine kohäsive, sondern auch keine kohärente Bindung zum vorangehenden und folgenden Satz. Es gibt nur zwei komplexe Sätze, die jeweils zwei Zeilen füllen und interne Kohäsion zeigen. In solchen Fällen ist es natürlich leicht, zu manipulieren, z.B. etwas wegzulassen, umzustellen oder hinzuzufügen, ohne daß der Rezipient das merkt.

Kohärenz stellt offenbar das dominierende Textualitäts-Kriterium dar; sie ist zentral für das Zustandekommen eines Textes: Auch wenn alle anderen von BEAUGRANDE/DRESSLER (1981) postulierten Kriterien nicht erfüllt sind, kann es sich, solange Kohärenz vorliegt, um einen Text handeln.

Gleichzeitig wird an Texten wie T26 deutlich, daß Kohärenz-Beziehungen vom Text-Thema dominiert werden, oder anders ausgedrückt: Das Thema bestimmt weitgehend die Kohärenz-Beziehungen im Text (vgl. 3.4.1).

Nun ist das Thema allerdings eine nichtsprachliche Größe, die erst durch den Text versprachlicht wird und die eingebettet ist in einen bestimmten Wissenszusammenhang. Da dieser Wissenszusammenhang jedoch unerläßlich ist sowohl für den Textproduzenten bei der Entfaltung des Texts als auch für den Rezipienten bei dessen Interpretation, gestaltet sich die Bestimmung der Textkohärenz und damit der Grenze zwischen Text und Nicht-Text problematisch. In 1.2.2 wurde bereits darauf hingewiesen, daß "Textoiden" (bzw. "Pseudotexten", "Nichttexten" oder wie auch immer man sie nennt) sehr wohl vom Rezipienten in einem geeigneten situativen bzw. sprachlichen Kontext eine Interpretation zugeordnet werden kann. Das gilt sogar für außerhalb eines Zusammenhangs unsinnig erscheinende Satzsequenzen wie T11. KINDT/WIRRER (1976:126) haben daraus geschlußfolgert, Kohärenz sei nicht eine Eigenschaft, "die einem Text eindeutig zukommt oder nicht zukommt", sondern sie sei "an Leistungen und Urteilen von Rezipienten" festzumachen.

Diese Auffassung wiederum - die im übrigen auch in der bildenden Kunst vertreten wird - birgt die Gefahr in sich, alles zum Text zu erklären, was sprachlich abgefaßt und in irgendeinem Zusammenhang einigermaßen kohärent interpretiert werden kann.

Daher plädiert SCHERNER (1984:148) dafür, die Tatsache zu berücksichtigen, "daß Wörter schon etwas mitbringen, bevor sie zur kommunikativen Verwendung gelangen". In Anlehnung an SCHMIDT (1980:77ff) hält er es für sinnvoll, das üblicherweise "Kohärenz" genannte aufzufächern in "textbezügliche Konsistenzbedingungen" und "Textbenutzer-bezogene Kohärenzbedingungen". Erstere betreffen die semantisch-syntaktischen Regularitäten der Vertextung, letztere "die darüber hinausgehenden Sinnerstellungsoperationen und -voraussetzungen des jeweiligen Rezipienten" (ebd.:149). Ich halte diesen Vorschlag für notwendig und machbar.

2.9 Aufgaben

A11 Schweigen

Hat das folgende Gedicht Kohäsion (in welcher Form?) und Kohärenz?

Schweigen von Eugen GOMRINGER

schweigen schweigen schweigen
schweigen schweigen schweigen
schweigen   schweigen
schweigen schweigen schweigen
schweigen schweigen schweigen

A12 Determination

Im folgenden Text sind in vielen Fällen Determinantien (bestimmter und unbestimmter Artikel, Demonstrativa, Possessiva) weggelassen worden. Setzen Sie jeweils das Ihnen geeignet erscheinende Determinans in eine (durch "..." gekennzeichnete) Lücke ein. Nicht jede Lücke muß gefüllt werden, denn im Deutschen kommen sehr wohl Nominalphrasen ohne Determinans vor!

USA: Kenia unsicher

Nairobi (rtr) - ... USA haben vor ... Reisen in ...ostafrikanische Kenia gewarnt. Nach ... Zusammenstößen um ... Einführung ... Mehrparteiensystems sei ... Aufenthalt dort "unsicher". Bisher wurden 15 Menschen bei ... Unruhen getötet. Kenias Präsident Moi kehrte noch vor ... Eröffnung ... Gipfeltreffens ... Organisation für ... Afrikanische Einheit aus Äthiopien nach Kenia zurück.

(*Kölner Stadtanzeiger*, 11.7.90:2)

Sehen Sie die eingesetzten Determinantien daraufhin an, welche von ihnen rein grammatische (syntaktische bzw. morphologische) Funktion und welche Kohäsionsfunktion haben.

A13 Propheten und Proformen - Kohäsion in einem Psalm

Der folgende Psalmausschnitt ist zweifellos kohärent; es finden sich auch reichlich Kohäsionsformen. Doch tritt ein Bruch beim Gebrauch der Pronomina auf, der als mangelnde Kohäsion - evtl. auch als mangelnde Kohärenz - aufgefaßt werden könnte. Läßt sich der Bruch als "nicht- kohäsionsschädigend" rechtfertigen?

Psalm 23. Ein Psalm Davids (nach Luthers Übersetzung)

Der Herr ist mein Hirte,
mir wird nichts mangeln.
Er weidet mich auf einer grünen Aue
und führet mich zum frischen Wasser.
Er erquicket meine Seele,
er führet mich auf rechter Straße
um seines Namens willen.
Und ob ich schon wanderte
im finstern Tal,
fürchte ich kein Unglück;
denn du bist bei mir,
dein Stecken und Stab trösten mich.

A14 Ein grammatisches Wunder?

Untersuchen Sie, inwieweit die ungrammatischen Formen im Gedicht Kohäsionsfunktion haben. Berücksichtigen Sie dabei auch die Zeilenaufteilung und morphologisch doppeldeutige Verbformen.

Wunder von August STRAMM

Du steht! Du steht!
Und ich
Und ich
Ich winge
Raumlos zeitlos wäglos
Du steht! Du steht!
Und
Rasen bäret mich
Ich
Bär mich selber!
Du!
Du!
Du bannt die Zeit
Du bogt der Kreis
Du seelt der Geist
Du blickt der Blick
Du
Kreist die Welt
Die Welt
Die Welt!
Ich
Kreis das All!
Und du
Und du
Du
Stehst
Das Wunder!

A15 Temporale Relationen im Text

Da es im Deutschen - entgegen manchen Behauptungen in Grammatiken und Monographien - keine durchgängige "consecutio temporum" gibt, kann man den Tempora im Deutschen kaum eine kohäsive Funktion zusprechen. Die Distribution der Tempora hängt vielmehr überwiegend von den temporalen Relationen zwischen den im Text beschriebenen Ereignissen zueinander, zur Sprechzeit und einer Referenzzeit (die meist implizit gegeben ist) ab. Setzen Sie im folgenden Text jeweils die Ihnen richtig erscheinende Tempusform des im Infinitiv angeführten Verbs ein.

Wiesbaden (ap) - Bei einer Inflationsrate von unverändert 2,3 Prozent [sich verringern] die Kaufkraft der D-Mark im Juni nur geringfügig. Das Statistische Bundesamt [bestätigen] am Dienstag in Wiesbaden seine vorläufigen Angaben, wonach die Lebenshaltungskosten der privaten Haushalte [sich erhöhen] binnen Monatsfrist um 0,1 Prozent. Allerdings [klaffen] die Preisentwicklung im einzelnen weit auseinander: Während die Teuerung bei Nahrungsmitteln zunächst ihren Höhepunkt [überschreiten], [steigen] die Mieten immer steiler.

(*Kölner Stadtanzeiger*, 11.7.90:27)

A16 Gedichterweiterung

In das folgende Gedicht wurden drei Zeilen eingeschmuggelt. Finden Sie sie heraus und versuchen Sie nachzuweisen, inwieweit die eingefügten Zeilen die Kohäsion oder Kohärenz (oder beide) im Text stören.

Traum von August STRAMM

Durch die Büsche winden Sterne
Aus allen Winkeln gellen Fürchte
Augen tauchen blaken sinken
Himmel fetzen
Flüstern plätschert
Blüten gehren
Düfte spritzen
Schauer stürzen
Winde schnellen prellen schwellen
Seufzer gellen
Tücher reißen
Fallen schrickt in tiefe Nacht.

A17 Wahnsinn mit Methode

In 2.4 wurde ein Nonsens-Gedicht zitiert, das auf mündlicher Überlieferung beruht und sich im Volksmund - vor allem bei Kindern - großer Beliebtheit erfreut. Hier sind zwei weitere Versionen des gleichen Gedichts:

Dunkel war's - Version 2

Dunkel war's, der Mond schien helle,
als ein Wagen blitzeschnelle
langsam um die Ecke fuhr.
Drinnen saßen stehend Leute,
schweigend ins Gespräch vertieft,
als ein totgeschossner Hase
auf dem Sandberg Schlittschuh lief.
Auf 'ner grünen Bank, die gelb angestrichen war,
saß 'n Jüngling, sechzig Jahr.
Neben ihm 'ne alte Schrulle, die kaum sechzehn Jahr alt war.
Diese aß 'ne Butterstulle, die mit Schmalz bestrichen war.

(Mündlich, im Brandenburgischen überliefert)

Dunkel war's - Version 3 nach Hans Magnus ENZENSBERGER

Dunkel war's, der Mond schien helle,
Schnee lag auf der grünen Flur,
als ein Wagen blitzeschnelle
langsam um die Ecke fuhr.

Drinnen saßen stehend Leute,
schweigend ins Gespräch vertieft,
als ein totgeschossner Hase
auf der Sandbank Schlittschuh lief.

Und ein blondgelockter Jüngling
mit kohlrabenschwarzem Haar
saß auf einer blauen Kiste,
die rot angestrichen war.

Stellen Sie alle Unterschiede im Inhalt und in den sprachlichen Ausdrucksformen zwischen diesen beiden Versionen und der oben in 2.4 angeführten Version zusammen und überlegen Sie, a) was in allen drei Versionen konstant bleibt, b) mit welchen Mitteln das Ziel (Nonsens zu produzieren) jeweils erreicht wird.

A18   Situationalität und Inferenz

Geben Sie an, a) wo man folgenden (authentischen) Kurztext zu Gesicht bekommen könnte, b) welche Zuwiderhandlungen (die ja nicht direkt beschrieben werden) gemeint sind, c) wer die Zuwiderhandelnden sind und ob sie tatsächlich bestraft werden können (wenn nicht, wer wird dann bestraft?)

Der Bürgersteig ist kein Hundeklo. Zuwiderhandlungen werden bestraft. Der Hausbesitzer

A19   Ein informatives Rätsel

Entschlüsseln Sie folgenden Text. Jede Zahl steht für einen Buchstaben. Wörter sind durch einen Strich, Sätze durch zwei Striche getrennt. Zwei Wörter sind bereits entschlüsselt. Einige Tips:
- Fangen Sie bei der Suche mit der frequentesten Zahl an!
- Achten Sie auf Wiederholungen von Sequenzen!
- Achten Sie auf im Deutschen häufig vorkommende Endungen!

12 18 3 9|I 18 S 9 T 20| 3 18 15|

-----

20 3 4 20|| 6 15 21 3 17 3 21 20|

-----

25 7 17 12 3| 3 17|

D 12 U 7 R 17 C 2 H 24| 3 18 15|

-----

17 6 3 20 9 3 22||

-----

12 18 3| 5 6 24 22 3 15|

-----

9 8 26 1 10 22 18 9 18 3 17 3 15|

-----

1 7 2 24 9 20 6 1 3 15||

A20   Intertextualität

Das folgende Gedicht lebt von Intertextualismen. Bestimmen Sie, welche Funktion diese Anspielungen haben und welchen Kunstgriff der Autor benutzt, indem er durch minimale Veränderungen und ohne explizite Kommentare doch eine Stellung bezieht. Welche Kohäsionsformen spielen dabei eine entscheidende Rolle?

Die gute alte Zeit von Uwe TIMM

da rollten noch die Räder für den Sieg
da gab es noch Kanonen statt Butter
da gab man noch Gold für Eisen
da gab es noch ein Volk
da gab es noch ein Reich
da gab es noch einen Führer
da waren wir noch schnell wie Windhunde
da waren wir noch hart wie Kruppstahl
da waren wir noch zäh wie Leder
da hieß unsere Ehre noch Treue
da gab es noch Kraft durch Freude
da machte Arbeit noch frei

3. Textthema und Textstruktur

3.0 Vorbemerkungen

Ging es im vorangehenden Kapitel darum, was einen Text zum Text macht, also um die Abgrenzung von Texten und Nicht-Texten, so geht es hier um den inneren Textzusammenhang, um die Faktoren, die die Strukturierung eines Textes bestimmen und die Art dieser Strukturierung selbst.

Zwischen dem Thema und der Struktur eines Textes besteht ein Zusammenhang, wie aus den Überlegungen in 2.8 hervorgegangen sein dürfte. Die Frage, wie man das Thema bestimmt, ist nicht leicht zu beantworten und wird von verschiedenen Linguisten ganz verschieden angegangen. Das Thema eines Textes liegt nicht immer auf der Hand; ja es ist nicht einmal von vornherein als sicher anzunehmen, ob ein Text ein Thema hat (und nicht vielleicht mehrere Themen oder gar keins).

Die Zusammenhänge zwischen Grobstruktur (Makrostruktur) eines Textes und seinem Thema wie auch zwischen dem Hauptthema und den Unterthemen sind ebenfalls nicht leicht zu analysieren.

Ich will auf Makro- und Mikrostrukturen von Texten eingehen und dabei auch etwas zur Thema-Rhema-Struktur von Texten sagen. Der Terminus "Thema-Rhema-Struktur" bezieht sich ursprünglich nur auf Zusammenhänge innerhalb eines Satzes oder zwischen Satzsequenzen ("Mikrostrukturen" nach VAN DIJK 1980). Nun gibt es natürlich auch Zusammenhänge zwischen Makro- und Mikrostrukturen. Einige Linguisten nehmen deshalb an, daß sich ganze Textstrukturen, also Makro- wie Mikrostrukturen, als Thema-Rhema-Strukturen analysieren lassen.

LANG (1973:286) stellt kritisch fest:

"Von einem Textbegriff, der auch nur einige der zahlreichen, zweifellos signifikanten, intuitiven Urteile über das, was ein sprachliches Gebilde zum 'Text' macht, theoretisch befriedigend rekonstruiert, sind wir, so glaube ich, noch weit entfernt."

Es könne nur darum gehen, Aspekte des zu beschreibenden Gegenstands zusammenzutragen und diese - durch empirische Analyse gedeckt - in einen auf das Beschreibungsziel bezogenen Zusammenhang zu bringen. Dabei spielt die Einheit 'Satz' eine entscheidende Rolle. LANG (1973:287ff.) unterscheidet in der texlinguistischen Theorie zwei Blickrichtungen:
a. vom Satz zum Text,
b. vom Text zum Satz.

Mir scheint, daß noch eine dritte Blickrichtung möglich ist, die sich darum bemüht, Textstruktur gleichzeitig von unten nach oben und von oben nach unten zu bestimmen. So nimmt VAN DIJK (1972) neben den Oberflächen-Relationen zwischen einzelnen Sätzen eines Texts eine zugrundeliegende "textual deep structure" (TDS) an, der er - gestützt auf Untersuchungen von NEISSER (1967) und HÖRMANN (1967) - auch eine psychologische Realität zuspricht, und zwar als globales semantisches Netzwerk (1972:133) bzw. als "globaler Plan", unabhängig von der Linearisierung und den verwendeten konkreten Sprachelementen. Gedächtnistests haben z.B. gezeigt, daß sich Versuchspersonen an Elemente "erinnern", die gar nicht im gesprochenen oder geschriebenen Text vorkommen, sondern im Plan für den Text vorhanden sein müssen. Das gilt nicht nur für die Textrezeption, sondern auch für die Textproduktion.

3.1 Der Satz als minimale Struktureinheit von Texten

Wenn sich auch die Textlinguisten weitgehend darin einig sind, daß Satz- und Textstruktur von unterschiedlicher Art sind, daß der Text also nicht einfach eine höhere grammatische Einheit als der Satz ist - wie man ursprünglich glaubte -, geht man doch meistens vom Satz als minimaler Texteinheit aus (vgl. VAN DIJK 1972, LANG 1973, GÜLICH/RAIBLE 1977).

GÜLICH/RAIBLE (1977:47) nennen zwei Gründe dafür, daß die Einheit "Satz" bei der Bestimmung von "Text" eine Rolle spielen muß:
- Der Satz ist ein Komplexitätsmaß für Texte, d.h. ein Text besteht aus 1 - n Sätzen;
- Die Notwendigkeit, bei der Text-Bestimmung textinterne und textexterne Kriterien zu kombinieren, muß bereits beim Satz ansetzen (nicht aber unterhalb der Satzebene). Das ist zu erläutern.

GÜLICH/RAIBLE (1977:47) nehmen an, daß ein Satz mit anderen Sätzen in einem Text durch textinterne Relationen, also vor allem durch Kohäsions-Relationen und einen Teil der Kohärenz-Relationen, verbunden ist, aber auch durch textexterne, d.h. "Beziehungen ... zu den restlichen Faktoren des Kommunikationsmodells" (GÜLICH/ RAIBLE 1977:46f.)[19]. Sie beziehen sich dabei auf die Darstellungsfunktion der Sprache bei BÜHLER (1934:149f.), wo Situation und Kontext die Quellen sind, "aus denen in jedem Fall die präzise Interpretation sprachlicher Äußerungen gespeist wird". Textexterne Relationen können im Text selbst thematisiert werden. Das geschieht z.B. durch Gliederungssignale wie *hm*, *äh*, *aha*, *also* usw. in mündlichen Texten (wobei *aha* sicher auf dialogische Texte beschränkt ist). Daraus ergibt sich für GÜLICH/RAIBLE (1977:47) folgende Text-Definition:

> "Ein Text wäre danach, textintern gesehen, ein komplexes sprachliches Zeichen, das nach den Regeln des Sprachsystems (Langue) gebildet ist. Textextern gesehen wäre ein Text dann gleichbedeutend mit 'Kommunikationsakt'. D.h. 'Text' und 'Kommunikationsakt' bedingen sich gegenseitig ...".

Eine andere Begründung für die zentrale Rolle des Satzes gibt LANG (1973:286):

> "Dabei wird nach wie vor der Einheit 'Satz' eine zentrale Stellung zukommen, vor allem deshalb, weil sich mit dem durch eine generative Grammatik spezifizierten Begriff 'Satz', eben diesem theorie-gebundenen Konstrukt, die Reichweite des Kombinationsspielraums der sprachlichen Grundeinheiten im Format lexikalischer und syntakti-

---

19 Statt "Faktoren des Kommunikationsmodells" müßte es m.E. hier "Faktoren der Kommunikationssituation" heißen.

scher Kategorien erfassen läßt. Der 'Satz' stellt **die** Domäne für die Distributions- und Kombinationsregeln der Einheiten des Sprachsystems dar. Der Satz hat seine Entsprechung im kognitiven Elementarvorgang des Prädizierens, dessen Manifestation eben sprachlich als (minimaler) 'Satz' erscheint. Die Logik hat davon die Grundeinheit 'Proposition' abstrahiert."

Während für GÜLICH/RAIBLE (1977) also der Satz wichtig ist als die minimale Stelle, an der textinterne und textexterne Faktoren festzumachen sind, ist für LANG (1973) der Satz die relevante Domäne für grammatisch-lexikalische und kognitive Strukturen. In beiden Fällen ergeben sich damit Sätze als kleinste Bausteine, aus denen sich Texte zusammensetzen lassen.

Nach GÜLICH/RAIBLE (1977:49) ist der Satz **textintern** durch seine syntaktische Struktur, vor allem aber durch das Vorkommen eines finiten Verbs bestimmt. Sätze ohne finites Verb lassen sich nach Meinung der Autoren durch Aposiopese ("Satzabbruch") erklären, was m.E. nur bedingt stimmt.[20] Nur (3-01) läßt sich durch Aposiopese erklären, bei den folgenden Beispielen geht das nicht:

(3-01)   Wenn nun aber der Pförtner...
(3-02)   Alle mal herhören!
(3-03)   Nieder mit der Regierung!
(3-04)   Fritz und mir helfen!
(3-05)   Ab mit dir!

(3-02) - (3-05) zeigen, daß es Sätze ohne finites Verb gibt, in denen ein solches auch nicht ergänzt werden kann. Andererseits gibt es natürlich Fälle von Aposiopese oder zum mindesten von unvollständigen (d.h. ergänzbaren) Sätzen mit finitem Verb:

(3-06)   Darf ich?

Wenn man Sätze textintern auch nicht unbedingt durch die Anwesenheit eines finiten Verbs charakterisieren kann, bleibt doch die

---

20 FRIES (1983) zeigt, daß "infinite Hauptsätze" wie *Radfahrer absteigen, alle mal herhören* usw. marginale Satztypen bilden, die sich nicht aus den zentralen Subjekt-Prädikat-Strukturen durch Elision ableiten lassen.

Tatsache bestehen, daß Sätze eine in wesentlichen Zügen voraussagbare syntaktische Struktur haben - was bei Texten nicht der Fall ist - und daß sich Texte immer aus Sätzen aufbauen, nicht direkt aus kleineren Einheiten wie Phrasen oder gar aus Minimalzeichen: Ein-Wort-Äußerungen wie *Feuer*! sind - entgegen der Annahme von BRINKER (1988[2]:17) - immer gleichzeitig Sätze. So wie ein Text aus einem Satz bestehen kann, kann auch ein Satz aus einem Wort bestehen. Daraus folgt nach GÜLICH/RAIBLE (1977:49):

> "Die höhere syntaktische und bedeutungsmäßige Komplexität der Texte läßt sich also auf eine geringere syntaktische Komplexität von Sätzen reduzieren, wobei gleichzeitig diese Sätze syntaktisch und semantisch eine unmittelbare Funktion in Texten haben können."

Textextern bzw. pragmatisch ist der Satz nach GÜLICH/RAIBLE (1977:49) charakterisiert als minimale Äußerung im Rahmen von Sprechakten. Ein Sprechakt

> "ist immer mindestens ein Satz - was jedoch nicht heißt, daß umgekehrt jeder Satz ein Sprechakt ist" (ebd.).

Daß ein Sprechakt immer mindestens ein Satz ist, kann m.E. nicht aufrechterhalten werden, da es Sätze gibt, die zwei Sprechakte enthalten:

(3-07) Peter, komm mal her.
(3-08) Da du deine Schularbeiten gemacht hast, darfst du jetzt spielen.

(3-07) enthält auf jeden Fall mehr als einen Sprechakt: Neben dem Aufforderungsakt *komm mal her* gibt es noch einen Vokativ. Nach WUNDERLICH (1976:77f.) sind Vokative Sprechakte, die einen eigenen Typ bilden:

> "Ihr einziger Zweck besteht darin, die Aufmerksamkeit eines Adressaten zu erlangen oder aufrechtzuerhalten."

Diese Funktions-Bestimmung kennzeichnet nun aber den Vokativ als einen unselbständigen Sprechakt. Er ist im allgemeinen an einen anderen (meist einen direktiven) Sprechakt genüpft, so wie das in (3-07) der Fall ist, oder an so etwas wie einen "impliziten" (nur aus der Situation erschließbaren) Sprechakt. *Peter* kann z.B. bedeuten "Hör auf, in der Nase zu bohren" (falls der Adressat gerade mit dieser Tätigkeit beschäftigt ist) oder "Komm zur Tafel" (wenn vorher angekündigt wurde, daß ein Schüler etwas an der Tafel vorführen soll). Natürlich hat *Peter* nicht die Bedeutung "Hör auf, in der Nase zu bohren!") oder "Komm zur Tafel!". Auch hier wird nur die Aufmerksamkeit des Angesprochenen erregt im Hinblick auf einen (hier impliziten) direktiven Akt.

(3-08) ist ein komplexer Satz, der einen Aussage- und einen Erlaubnis-Sprechakt erhält.

Nun gibt es aber auch den Fall, daß ein Satz gleichzeitig zwei Sprechakte realisiert, worauf WUNDERLICH (1979:290f.) am Beispiel des Zahnputz-Trialogs T27 hingewiesen hat.

T27 *Zahnputz-Trialog*

(M = Mutter, V = Vater, K = Klaus)

1. M: Klaus! Kommst du mal zu mir?
2. K: Warum?
3. M: Wenn du fertig bist mit den Kissen, kommst du dann her?
4. K: Warum?
5. M: Dann gehen wir Zähne putzen.
6. K: Das macht der Papi.
7. M: Ach ja, so weit kommt's.
8. K: Vati, tust du mir die Zähne putzen?
9. V: Kannst du doch alleine.
10. K: Nein, machst du mir.
11. V: Gut.
12. K: Komm, Papi!

Die Äußerung 6. ist gleichzeitig eine (ablehnende) Antwort des dreijährigen Klaus an die Mutter und eine (indirekte) Äußerung eines Wunsches an den Vater. Da der Vater nicht sofort reagiert, folgt dann noch eine Aufforderung in 8. (in Form eines indirekten Sprechakts, wie bei Aufforderungen weitgehend üblich).

Auch der umgekehrte Fall, daß ein Sprechakt mehr als einen Satz beansprucht, kommt vor, so in (3-09), wo Illokution und Proposition (im Sinne von SEARLE 1969) auf zwei Sätze verteilt sind:

(3-09)   Sie haben sich zu Ehren des Verstorbenen von den Plätzen erhoben. Ich danke Ihnen.

Gegen die Ansicht, der Satz sei eine Texteinheit, wendet sich OOMEN (1972). Ihrer Meinung nach können Textelemente auf jeder Ebene der grammatischen Hierarchie als Textkonstituenten fungieren. Das weisen GÜLICH/RAIBLE (1977:49) mit dem Hinweis zurück, daß ein textkonstituierendes Pronomen sowohl eine Funktion im Satz als auch in höheren textuellen Einheiten habe.

3.2   Mikrostrukturen von Texten

Wir haben gesehen, daß nicht jede Satzfolge einen Text oder Textteil ergibt. Damit das geschieht, muß die Satzfolge textinterne und textexterne Bedingungen erfüllen.

Dabei entsprechen die textinternen Bedingungen weitgehend dem, was BEAUGRANDE/DRESSLER 1981 unter "Kohäsion" verstehen. Ich sage "weitgehend", weil die Autoren phonologische und morphologische Kohäsion außer acht lassen - Faktoren, die VAN DIJK (1980:22) ausdrücklich einbezieht. Zur **phonologischen Kohäsion** gehören
- Rhythmus,
- Reim (Endreim, Binnenreim, Stabreim),
- Lautsymbolismus,
- Intonation,
- Pausenstruktur.

Reim und Lautsymbolik spielen natürlich vornehmlich bei künstlerischen Texten, kaum bei Alltags- oder Fachtexen eine Rolle.

Für Rhythmus und Reim kann T28 als Beispiel dienen, ein Gedicht, bei dem die Kohäsion weitgehend auf diese phonologischen Faktoren beschränkt ist. Es folgen zwei Beispiele für Lautsymbolismus:

T28   *Wanderers Nachtlied* von Johann Wolfgang von GOETHE

Über allen Gipfeln ist Ruh,
In allen Wipfeln spürest du kaum einen Hauch;
Die Vögelein schweigen im Walde.
Warte nur, balde ruhest du auch.

Hier benutzt der Dichter in den ersten beiden Zeilen bewußt nur hohe Vokale, um das Inhaltliche - das Schweben über den Baumwipfeln - auch lautlich zum Ausdruck zu bringen. Außerdem kontrastiert er die hellen Vordervokale /y/ und /I/ mit dem dunklen Hintervokal /u/, offenbar um einen Gegensatz zwischen Leichtigkeit und Schwere auszudrücken. In den folgenden Zeilen kommt dann der zentrale tiefe Vokal /a/, der aufgrund seiner Lage sowohl als relativ neutral als auch als recht harmonisch empfunden werden kann, bis zum Schluß wieder das dumpfe /u/ erscheint, das der Ruhe auch lautlich Ausdruck verleiht.

T29   *Der Taucher* von Friedrich von SCHILLER (Ausschnitt)

Und es wallet und siedet und brauset und zischt,
Wie wenn Wasser mit Feuer sich mengt,
Bis zum Himmel spritzet der dampfende Gischt ...

Durch die Häufung von Sequenzen aus dem hellen hohen Vordervokal /I/ in Verbindung mit dem "Zischlaut" /š/ wird das Aufspritzen wiedergegeben. Die sogenannten Zischlaute sind ein Teil der Frikative (auch Reibe- oder Engelaute genannt), die zu den typischsten Geräuschlauten gehören. Grob gesprochen sind Konsonanten akustisch Geräusche, Vokale Klänge. Genauso jedoch, wie Vokale eine - wenn auch geringe - Geräuschbeimengung haben, gibt es Konsonanten mit Klang-Komponenten (die Nasale und Liquide). Wiederum andere - die Verschlußlaute - enthalten eine stumme (geräuschlose) Phase.

Frikative haben nun weder eine stumme Phase noch einen hohen Klanganteil. Man kann sie als typischste Geräuschlaute ansehen. Von ihnen wiederum sind die "Zischlaute" sicher diejenigen mit dem hörbarsten Geräuschanteil; dazu werden sie noch ziemlich hoch (mit gehobener Zunge) artikuliert.

Morphologische Kohäsion findet sich vor allem im Bereich der Wortbildung, nämlich dann, wenn eine okkasionelle Bildung vorgenommen wird, die durch den umgebenden Text formal motiviert und inhaltlich interpretierbar ist. HOLST (1978) gibt solche Beispiele, z.B.:

T30 *Reif für die Schule?*

Leider werden dadurch oft sogenannte "Unterschicht"- oder Gastarbeiterkinder ... als nicht *schulreif* ermittelt.

(*die barmer* (Zschr. der BEK), Nr.3, 1974:91)

Die in der Überschrift verwendete Phrase *reif für die Schule* wird im Text durch die Neubildung *schulreif* wieder aufgenommen.

Wichtig erscheint mir, daß alle diese Kohäsionsmittel - wie auch die syntaktischen - weder notwendig noch hinreichend für das Zustandekommen von Textstruktur sind. Wesentlich - d.h. notwendig und hinreichend - sind die semantisch-kognitiven Beziehungen zwischen den Sätzen, also die Beziehungen, die durch den Sinn der verwendeten Ausdrücke, durch Referenz-Beziehungen zwischen Sätzen und durch die Art der Verknüpfung (kausal, temporal usw.) zustandekommen. Das sind aber weitgehend textexterne Beziehungen im Sinne von GÜLICH/RAIBLE (1977), also Beziehungen, die durch Intentionen des Sprechers und das Weltwissen von Sprecher und Hörer - durch ihren "Horizont" (vgl. SCHERNER 1984 und 1991)[21]- motiviert sind.

---

21 Nach SCHERNER (1991:229) wird "die überkommene und bis heute gängige Auffassung, daß zum Verstehen einer Textstelle auch der 'Kontext' und/oder die 'Situation' heranzuziehen seien, hier erstmals zu einer Trias von Bezugsfeldern erweitert, eben um die Dimension des

LANG (1973 und 1977) hat den für die hier interessierenden Zusammenhänge wichtigen Begriff der "Gemeinsamen Einordnungsinstanz" (GEI) geprägt. Diese GEI ist unerläßlich für die Koordination von Sätzen (vgl.(3-10) - (3-13)), aber darüber hinaus für jeden Textzusammenhang (vgl.T31).

(3-10) Peter lernt Französisch und Susi besucht einen Stenokurs. Die QUALIFIZIERUNGSLEHRGÄNGE sind angelaufen.

(3-11) Peter lernt Französisch, Susi verehrt Balzac und Rudi ist Romanist. Die ganze Familie ist FRANKOPHIL.

(3-12) Peter lernt Französisch, Susi wäscht ab und Rudi sitzt vorm Fernseher. Die Kinder sind IM MOMENT BESCHÄFTIGT.

(LANG 1973:302)

Die markierten Teile der Kontextsätze geben die GEI explizit an. Natürlich wird die GEI meist nicht explizit mitgeliefert. Wie wichtig sie ist, sieht man aber daran, daß der Zusammenhang zwischen den drei koordinierten Sätzen jeweils anders ist, abhängig von der GEI.

Es kann sogar vorkommen, daß ein Satz durch die Koordination mit einem anderen Satz eine Interpretation erhält, die sich nicht aus seiner wörtlichen Bedeutung ableiten läßt. Hier ein Beispiel von LANG (1977:26):

(3-13) Peter hat sich einen Trabant und seiner Frau ein Auto gekauft.

Erst durch die Koordination mit dem Satz *Peter hat seiner Frau ein Auto gekauft* bekommt der Satz *Peter hat sich einen Trabant gekauft* die zusätzliche Bedeutung, daß der Trabant kein Auto sei. Die Koordinations-Reduktion spielt dabei keine Rolle.

'Horizontes'." Er weist darauf hin, daß dieser Begriff bereits von BRINKMANN (1965) geprägt und durch die Entwicklung der Kognitiven Linguistik neu definiert worden ist, wobei er besonders auf MOTSCH / REIS / ROSENGREN 1990 verweist.

T31 *Geschichte der deutschen Sprache* von Adolf BACH
(Ausschnitt)

Herder hat zeitlebens in der Sprache seine ostpreußische Heimat nicht verleugnen können, von den Wienern nicht zu reden. Wie schwierig es noch im späteren 18.Jh. auch für einen mit Bewußtsein die Gemeinsprache redenden Schweizer war, etwa in Mitteldeutschland auch nur verstanden zu werden, sollte Lavater 1774 erfahren, als er in Ems predigte.

Dieser Absatz enthält kaum kohäsive Mittel - nur die partielle Rekurrenz *Sprache - Gemeinsprache* sowie temporale Kohäsion - und bietet auch keine anderen referentiellen Relationen, die zur Kohärenz beitragen können. Trotzdem hat er eine unverkennbare Sinnkontinuität, die man auch ohne den Textzusammenhang erfassen kann. Die GEI ist "Gemeinsprache", genauer: "nicht (oder nur schwach) vorhandene deutsche Gemeinsprache im 18. Jahrhundert". Daß es ums Deutsche geht, wird nirgendwo explizit gesagt. Es wird das Wissen beim Adressaten vorausgesetzt, daß in Ostpreußen, Mitteldeutschland, in Wien und in Teilen der Schweiz in der betreffenden Epoche Deutsch gesprochen wurde.

Eine solche Einordnungsinstanz ist auch vonnöten, um (2-17) als kohärent zu verstehen, und natürlich auch bei Gedichten wie T3. Bei T11 und T13 wird durch Kohäsionsmittel nur scheinbar eine GEI gestiftet, so daß es schwer wird, die entsprechenden Gebilde als Texte zu akzeptieren.

Mehrere Textlinguisten haben beobachtet, daß die gemeinsame Einordnungsinstanz - oder wie auch immer man dieses Kriterium nennt - für eine Satzfolge im gleichen Maße gilt wie für einen komplexen Satz. LANG (1973) hat das anhand der koordinierten Sätze (3-10) - (3-12) klargemacht.

VAN DIJK (1980:23) zeigt, daß auch ein Satzgefüge einer Folge aus zwei Sätzen äquivalent sein kann, was unter anderem der Grund dafür ist, daß man unendlich lange und komplexe Sätze bilden kann.

Ein langer Text läßt sich unter Umständen als ein Satz formulieren. Thomas MANN ist mit einigen Sätzen seiner Romantetralogie *Joseph und seine Brüder* diesem Ziel sehr nahe gekommen. Umgekehrt bekommt ein Briefschreiber oder der Verfasser eines Aufsatzes oft von konsultierten Freunden den Rat: "Mach zwei Sätze aus deinem Satz".

Daß diese Alternative nicht immer verfügbar ist, zeigt VAN DIJK (1980:23) an den Satzpaaren (3-14) und (3-15): (3-14)a/b sind synonym, (3-15)a/b nicht.

(3-14)   a   Weil das Wetter schön war, gingen wir zum Strand.
               b   Das Wetter war schön. Deswegen gingen wir zum Strand.
(3-15)   a   Wäre ich reich, würde ich mir ein Boot kaufen.
               b   Wäre ich reich! Ich würde mir ein Boot kaufen.

Hieraus folgt nach VAN DIJK (1980:23),

> "daß zwischen zusammengesetzten Sätzen und Sequenzen eine Reihe von systematischen Unterschieden bestehen (sic!), so daß man die Beschreibung von Sequenzen nicht einfach mit der Beschreibung von zusammengesetzten Sätzen gleichsetzen kann."

VAN DIJK (1980:25) weist darauf hin, daß es sich bei den Relationen im Text primär nicht um Relationen zwischen Sätzen, sondern zwischen Propositionen handelt. Als Proposition wird in der Logik der einem Satz zugrundeliegende Bedeutungsgehalt verstanden, der wahr oder falsch sein kann. Van Dijk nimmt an, daß Propositionen nicht direkt mit Wahrheitswerten verbunden sind, sondern mit Sachverhalten in möglichen Welten. Eine Welt wird als "Kollektion von Sachverhalten" (ebd.) verstanden[22]. Wie BEAUGRANDE/DRESSLER (1981) geht auch VAN DIJK (1980) von der Annahme der Kognitiven Linguistik aus, daß neben individuellen Dingen und Sachverhalten in einer Welt auch abstrakte Konzepte von diesen Dingen und Sachverhalten bestehen und daß es diese Konzepte und die zwischen ihnen existierenden Relationen sind, die einem Text zugrundeliegen.

---

[22] VAN DIJK (1980:25) weist an dieser Stelle darauf hin, daß seine Definition auch für mögliche Welten, also z.B. Traumwelten, gilt.

3.3 Makrostrukturen von Texten

3.3.1 Text als zweidimensionales Gebilde

Die Überlegungen zur sinnvollen Verknüpfung von Sätzen zu Texten führen GÜLICH/RAIBLE (1977:51) dazu, Texte als zweidimensionale Gebilde zu betrachten. Sie demonstrieren das an folgendem von mir leicht verändertem Beispiel:

(3-16) Es war einmal ein König. Der hatte drei Töchter. Sie hießen Ara, Bella und Cella.

Die Sätze sind durch Substitution miteinander verknüpft: In Satz 2 wird *ein König* aus Satz 1 durch *der* ersetzt; in 3 *drei Töchter* aus 2 durch *sie*. Außerdem hat die Satzfolge eine bestimmte Tempus-Struktur, die hier durch die Wahl des gleichen Tempus, des Präteritums, zum Ausdruck kommt. Diese kohäsive Verkettung bildet nach GÜLICH/RAIBLE (1977:52) die erste Dimension bzw. den Text als Gewebe; sie verweisen in diesem Zusammenhang auf die etymologische Verwandtschaft von lat. *textus* "Geflecht, Text" mit *textura* "Gewebe".

Die zweite, für die Konstituierung von Sinn-Einheiten notwendige Dimension des Text-Gewebes ist nach GÜLICH/RAIBLE (1977:53) in den Verbindungen zu sehen, die über viele Sätze hinweggehen bzw. viele Sätze zusammenfassen:

> "Ebenso, wie nun beim Gewebe durch die zweite Dimension, also durch den speziellen Verlauf der Durchschuß-Fäden, bestimmte Webmuster entstehen, die einem Gewebe sein charakteristisches Gepräge geben, macht die zweite Dimension des Text-Gewebes, die man auch die 'Makrostruktur' nennen könnte, die Textsorten-haftigkeit eines Texts aus. Nach dieser Konzeption würde ein Text bzw. ein Textganzes aus Teilganzen (im Sinne der Gestalt-Theorie) bestehen, die als Sinneinheiten eine Funktion im Textganzen haben."

Die übergreifenden, Sinnzusammenhänge schaffenden Relationen gehören danach zur Makrostruktur von Texten; Typen von

Makrostrukturen kennzeichnen Textsorten: Textteile lassen sich in kleinere Textteile zerlegen, so wie die russischen Matrioschkas immer wieder kleinere Puppen enthalten. Textsorten sind dann dadurch zu charakterisieren, daß man die Art, Abfolge und Verknüpfung ihrer Teiltexte beschreibt.

In (3-16) ließe sich die Makrostruktur z.B. dadurch aufweisen, daß der König über längere Passagen nicht erwähnt wird und erst später im Märchen wieder auftaucht. Ebenso wäre die Zusammenfassung eines ganzen Textpassus durch einen Ausdruck wie *diese Ereignisse* ein Symptom der Makrostruktur.

3.3.2 Makrostrukturen und Makroregeln

Makrostrukturen sind nach VAN DIJK (1980:42) semantisch; sie liefern eine Vorstellung des globalen Zusammenhangs und der Textbedeutung, die auf einer höheren Ebene als der der einzelnen Propositionen angesiedelt ist. Eine große Anzahl von Propositionen kann eine Bedeutungseinheit auf der globaleren Ebene bilden.

Da - wie VAN DIJK (1980:174) im Zusammenhang des Textverstehens bemerkt - Sprachbenutzer bei der Wiedergabe von Texten einzelne im Text verwendete Ausdrücke durch andere ersetzen und sogar Propositionen hinzufügen, die "dem Wissensbestand des LTM ('long term memory', 'Langzeitgedächtnis') entnommen wurden", handelt es sich wohl eher um kognitive als semantische Strukturen: Es kommt offenbar nicht so sehr auf die wörtliche Bedeutung verwendeter Ausdrücke als auf den kognitiven Sinn an, der erst im Textzusammenhang etabliert wurde.

Formal unterscheidet sich eine Makrostruktur nach VAN DIJK (1980:42) nicht von einer Mikrostruktur; wie diese besteht sie aus einer Reihe von Propositionen. "Makrostruktur" bezeichnet also einen relativen Begriff, eine globale Struktur in bezug auf speziellere Strukturen einer niedrigeren Ebene. In einem Text finden sich im allgemeinen verschiedene mögliche Ebenen der Makrostruktur: Der Gesamttext hat eine Makrostruktur, bestimmte Textteile haben aber auch eine (ebd.). Nach VAN DIJK (1980:43) ergibt sich folgendes allgemeines Schema für Makrostrukturen:

Abb.4

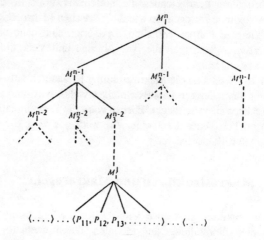

Auf jeder - durch einen hochgestellten Index gekennzeichneten - Ebene befinden sich Makrostrukturen (M), die jeweils eine Reihe von Propositionen umfassen, bis zur obersten Ebene M^n. Wenn ein Text nur aus einem Satz besteht, ist die Mikroebene gleich der Makroebene; dann ist n = 0.

Jede Makrostruktur muß dieselben Bedingungen für semantische Konnexion erfüllen wie die Mikrostruktur-Ebenen: konditionale oder kausale Zusammenhänge zwischen Propositionen, Identität zwischen Referenten usw. Wäre das nicht so, könnte eine Makroebene nicht in einem andern Text eine Mikroebene sein, was oft vorkommt.

Die Frage ist, wie man an die Makrostruktur "herankommt". Nach VAN DIJK (1980:43) benötigt man "Regeln für die Bewerkstelligung der Verbindung von Mikro- und Makrostrukturen"; er nennt diese Regeln **Makroregeln** und faßt sie als "semantische Transformationsregeln" auf. Makroregeln werden bei VAN DIJK (1980:44) kognitiv motiviert: Sie sind "eine Rekonstruktion des Teils unseres Sprachvermögens, mit dessen Hilfe wir Bedeutungen zu größeren Bedeutungsganzheiten zusammenfügen". VAN DIJK (1980:45ff.) nimmt folgende Makroregeln an:
- I. AUSLASSEN,
- II. SELEKTIEREN,
- III. GENERALISIEREN,
- IV. KONSTRUIEREN oder INTEGRIEREN.

Regel I. besagt, daß irrelevante, nicht-essentielle Information ausgelassen werden kann. So enthält Satz (3-17) die Propositionen (3-18)a-c:

(3-17) Ein Mädchen mit einem gelben Kleid lief vorbei.
(3-18) a Ein Mädchen lief vorbei.
        b Sie trug ein Kleid.
        c Das Kleid war gelb.

Wenn die Propositionen (3-18)b/c für die Interpretation des restlichen Textes nicht wesentlich sind, können sie ausgelassen werden, so daß nur (3-18)a in die Makrostruktur eingeht. Bei der kognitiven Verarbeitung werden solche sekundären Propositionen tatsächlich rascher vergessen.

Nach Regel II. werden Propositionen weggelassen, die Bedingungen, Bestandteile oder Folgen anderer Propositionen sind. Aufgrund unseres allgemeinen Wissens können wir die Informationen, daß jemand zum Auto läuft und einsteigt, ergänzen und brauchen sie nicht zu explizieren:

(3-19) a Peter lief zu seinem Auto.
        b Er stieg ein.
        c Er fuhr nach Frankfurt.

(3-19)a-c läßt sich unter Weglassung der redundanten (ergänzbaren) Informationen zu (3-20) reduzieren:

(3-20) Peter fuhr mit dem Auto nach Frankfurt.

Nach VAN DIJK (1980:47) ist auch die Information "Peter kam in Frankfurt an" redundant, "weil es selbstverständlich ist, daß man ankommen muß, wenn man irgendwo hinreist". Leider Gottes ist das nicht selbstverständlich; ein Unfall, eine Panne, ein Herzinfarkt oder ein anderes unvorhergesehenes Ereignis können eine Ankunft verhindern. Ein Satz wie *Aber er ist niemals angekommen* ist als Fortsetzung von (3-19) oder (3-20) nicht ausgeschlossen. Wahrscheinlich hat *fahren* zwei Lesarten: eine telische, die das Ankommen impliziert, und eine nicht-telische, etwa im Sinne von "sich mit einem Fahrzeug von einem Ort wegbewegen". Dieser Unterschied wird in den slavischen Sprachen durch verschiedene Aspekte und/oder Aktionsarten gekennzeichnet.

Nach Regel III. werden Konzepte, die merkmalkonstituierende Kennzeichen von Referenten enthalten, weggelassen und durch ein "Superkonzept" ersetzt:

(3-21)   a   Eine Puppe lag auf dem Boden.
            b   Eine Holzeisenbahn lag auf dem Boden.
            c   Bausteine lagen auf dem Boden.
(3-22)   Spielzeug lag auf dem Boden.

Von Regel IV. sagt VAN DIJK (1980:48), daß sie eine wichtige Rolle spielt. Hier wird aus expliziten und impliziten Propositionen des Textes eine rahmenbildende Proposition wie (3-24) gebildet, die ihrerseits das **Thema** enthält, so in (3-23) das Thema ZUGREISE "oder... die Proposition MACHEN (ICH, ZUGREISE)" (ebd.,50).

(3-23)   a   Ich ging zum Bahnhof.
            b   Ich kaufte eine Fahrkarte.
            c   Ich lief zum Bahnsteig.
            d   Ich stieg in den Zug ein.
            e   Der Zug fuhr ab.
(3-24)   Ich nahm den Zug.

Das Prinzip der semantischen Implikation, auf dem die Regeln basieren, kann auch induktiv realisiert werden: Erhalten wir die Information "Ich ging zum Bahnhof und fuhr nach Paris", dann folgern wir gewöhnlich, daß jemand den Zug nach Paris bestieg, auch wenn das nicht logisch aus der gegebenen Information folgt. Das hat mit einem psychologisch-kognitiven Phänomen zu tun, auf das SCHWARZ (1991:87) eingeht:

> "Konzepte sind im Gedächtnis nicht isoliert abgespeichert, sondern sie sind durch verschiedene Relationen mit anderen Konzepten verknüpft. Die interkonzeptuellen Beziehungen stellen kognitive Strukturen dar, die Zusammenhänge eines Realitätsbereichs repräsentieren."

BARTLETT (1932) führte dafür im Rahmen seiner Gedächtnistheorie das "Schema"-Modell ein. Für die Darstellung kognitiver Strukturen sind neben Schemata noch andere Modelle wie "Rahmen", "Szenarios", "Scripts" usw. von der Kognitionsforschung postuliert worden.

VAN DIJK (1980:49) nimmt an, daß einer bestimmten Makrostruktur "im Prinzip eine unendlich große Zahl 'konkreter' Texte 'zugrundeliegen'" könne, daß eine Makrostruktur eine Textmenge definiert, die alle Texte enthält, die dieselbe **globale** Bedeutung haben. Der Rest (das, was in den einzelnen Textexemplaren variiert) ist, im Wortsinn, **Nebensache**" (ebd.). Die Makroregeln ermöglichen die Trennung von Haupt- und Nebensache, abhängig vom jeweiligen Textbezug. Entstehen bei der Regelanwendung auf einer Ebene zwei Makrostrukturen, handelt es sich um einen "makro-mehrdeutigen" Text: zwei gültige Interpretationen sind möglich.

VAN DIJK (1980:51) demonstriert die Wirkungsweise der Makroregeln an folgendem Textbeispiel, das ich hier verkürzt anführe:

T32   *Peters Reise*

S_1 Peter beschloß, dieses Jahr zum Wintersport zu fahren.
...
S_3 Er ging in ein Reisebüro, um Prospekte zu holen ...
S_4 Österreich zog ihn eigentlich am meisten an.
...
S_8 Als der bewußte Tag ... angebrochen war, brachte ihn sein Vater abends zum Bahnhof ...
S_9 Er fuhr mit dem Nachtzug.
...
S_{11} Am nächsten Morgen war Peter ausgeruht an seinem Urlaubsort.
...
S_{13} Das Hotel lag am Rande des Dorfs.
...
S_{15} Er fühlte sich von Anfang an wohl.

VAN DIJK (1980:51ff.) nimmt an, daß jede Proposition aus atomaren Propositionen zusammengesetzt ist, die in unterschiedlichem Maße relevant sind für den Textfortgang. Die Proposition "Peter" als **zentraler Referent** des Textes ist auf keinen Fall weglaßbar, wohl aber die Proposition "Beschluß", weil das "eine gewöhnliche Bedingung für das Ausführen einer Handlung ist" (1980:51). S_4 kann eliminiert werden, "da 'mentale' Vorbereitungen und Motive global gesehen irrelevant sind oder durch die Haupthandlung impliziert werden".

In einem ersten Schritt erhält VAN DIJK die Makrostruktur (3-25):

(3-25)   Makrostruktur von T32
         (1. Annäherung)
  (I)   PETER WOLLTE DIESES JAHR ZUM WINTERSPORT NACH ÖSTERREICH.
  (II) ER TRAF DIE NÖTIGEN VORBEREITUNGEN.
  (III) ER NAHM DEN ZUG.
  (IV) DAS HOTEL IN DEN BERGEN GEFIEL IHM.

Diese Information ist weiter generalisierbar zu (3-26):

(3-26)   Makrostruktur von T32
         (2. Annäherung)
  (I)   PETER FUHR MIT DEM ZUG ZUM WINTERSPORT NACH ÖSTERREICH.
  (II) IHM GEFIEL ES SEHR GUT.

Daraus leitet er die endgültige Makrostruktur ab:

(3-27)   Makrostruktur von T32
  (I)   PETER WAR ZUM WINTERSPORT VERREIST.
  (II) ER FAND ES AUSGEZEICHNET.

Hieran habe ich einiges zu kritisieren: Die Ersetzung des Präteritums durch das Plusquamperfekt ist nicht gerechtfertigt: Wie man aus der neueren Tempusliteratur weiß, wird dadurch die Perspektive (genauer: das Verhältnis von Ereigniszeit zu Referenzzeit) verschoben. Im übrigen ist nicht einzusehen, warum SEHR GUT durch AUSGEZEICHNET ersetzt werden soll; auch hier gibt es einen (wenn auch kleineren) Unterschied in der Bedeutung.

So nützlich ich die Annahme von Text-Makrostrukturen finde und so wichtig ich diese Annahme für die linguistische Textanalyse halte, so große Bedenken habe ich gegen die Makroregeln von VAN DIJK (1980). Die beschriebenen Kürzungsvorgänge haben zwar eine gewisse psychologische Realität, insofern als man beim Wiedererzählen irrelevante Information wegläßt. Andererseits können solche Makroregeln nicht erklären, warum bei der Rekonstruktion von Texten oft Informationen beigesteuert werden, die gar nicht im Text enthalten waren - auch nicht implizit. Solche Informationen - wie z.B. die Erwähnung eines Zauberers bei der Nacherzählung eines Märchens, in dem gar kein Zauberer vorkam - können nur aus dem kognitiven Schema kommen, das dem Text bzw. dem Texttyp zugrundeliegt.

Aus diesem Grund und auch aus dem methodischen Grund, daß die Annahme einer Makrostruktur "von oben" (vgl. Abb.4) mit Makroregeln, die "von unten" (von den Mikrostrukturen her) wirken, konfligiert, halte ich es für sinnvoller, Makrostrukturen nicht durch Kürzungsregeln aus Mikrostrukturen zu gewinnen. Wie solche Makroregeln letztendlich aussehen und ob man hier überhaupt mit Regeln arbeiten kann - das muß ich weiterer Forschung überlassen.

3.4 Textthema und Thema-Rhema-Strukturen

3.4.1 Textthema

Nach VAN DIJK (1980:50) läßt sich "der intuitive Begriff **Thema**" durch Makrostrukturen präzisieren:

> "Jetzt scheint ein Thema nun nichts anderes zu sein als eine Makroproposition auf einem bestimmten Abstraktionsniveau."

Das Thema von (3-23) ist als ZUGREISE oder genauer als MACHEN (ICH, ZUGREISE) bestimmbar. Bei dieser Auffassung des Themas als Makroproposition impliziert der Text das Thema. Das Umgekehrte, nämlich daß das Thema einen (und genau einen) Text impliziert, dürfte nicht der Fall sein, da nach VAN DIJK (1980) eine Makrostruktur ja vielen Texten zugrundeliegen kann.

Ob ein Text mehrere Themen haben kann, wird weder von ihm noch von den meisten anderen Textlinguisten erörtert.[23] Dieser Gedanke ist nicht abwegig: Schließlich haben Musikstücke (z.B. Sinfonie- und Sonatensätze) gewöhnlich mehrere Themen, die im Zuge der Ausführung sowohl miteinander kontrastiert als auch ineinander verschränkt werden können.

Andererseits ist - z.B. von JAESCHKE (1980) - behauptet worden, daß es Texte ohne Thema gebe (vgl. die entsprechende Diskussion im Zusammenhang mit der Informativität von Texten in 2.5). Das hängt natürlich weitgehend von der Definition des Begriffs "Thema" ab. Nach MACKELDEY (1987:39f.) ist "Thematizität" ein Texten inhärentes Merkmal; athematische Texte existieren nicht:

> "Thematizität liegt auch dann vor, wenn das Thema nicht allein aus dem Text, d.h. aus den sprachlich manifesten Äußerungen selbst, sondern nur unter Zuhilfenahme außersprachlicher Faktoren zu erschließen ist."

Für MACKELDEY (1987:39) ist das Thema eines Textes - im Anschluß an AGRICOLA (1979) - sein "begrifflicher Kern", der aus der "Konzentration und Abstraktion des gesamten Textinhalts" zu gewinnen ist. Er verweist in diesem Zusammenhang auch auf WERLICH (1975), der den Text als entfaltetes Thema ansieht. Nach dieser Auffassung bedingen Text und Thema einander, ähnlich wi bei VAN DIJK

---

[23] Hierfür habe ich nur drei Hinweise gefunden: MACKELDEY (1987:41) spricht von "polythematischen alltagssprachlichen Dialogen", in denen die einzelnen Themen häufig nicht als Sub- oder Mikrothemen einem Hyper- oder Makrothema untergeordnet" sind. KLEIN/VON STUTTERHEIM (1987:166) erwähnen Texte, die nicht eine klare Quaestio haben; sie "hangeln sich gleichsam von Thema zu Thema... Dementsprechend sind sie schwach strukturiert, wie beispielsweise eine lockere Diskussion. Dies heißt nicht, daß solche Texte inkohärent seien; aber ihre Kohärenz ist nurmehr lokal." Auch wird hier angenommen, daß es Texte gibt, bei denen ein Thema in ein anderes (in einer "Nebenstruktur") eingebettet ist (ebd.). Diesen Fall nimmt auch DANES (1978:190) an; er spricht von Teilthemen, die von einem Hyperthema abgeleitet sind. Daneben gibt es für ihn Texte mit (explizitem oder implizitem) "Doppelthema" (vgl. Abb.8 in 3.4.3).

(1980), doch eher in Form einer Interdependenz, nicht einer einseitig gerichteten Implikation (s.oben).

Das Thema muß im Text nicht explizit genannt werden. Wenn das doch der Fall ist, spricht VAN DIJK (1980:50) vom "Themawort" oder "Themasatz"; sie haben die kognitive Funktion, dem Leser oder Hörer die richtige Makrointerpretation des Textes nahezulegen.[24] Typisch dafür sind Text-Titel, etwa in der Zeitung:[25] Sie sind Teil der Makrostruktur, so daß wir wissen, was global in diesem Bericht zur Sprache kommt. Es gibt Fälle, wo das Thema ohne einen solchen Titel für den Rezipienten kaum erschließbar wäre (vgl. die Gedichte T3 und T26).

Andererseits kommen viele Texte ohne Titel aus (z.B. Predigten) oder sie haben Titel, die erst nachträglich fabriziert wurden (bei Zeitungsartikeln) und die oft den globalen Inhalt des Textes nur ungenügend, manchmal sogar gar nicht wiedergeben. Interessant sind in diesem Zusammenhang bestimmte Typen von Werbetexten, wo das durch den Textanfang (oder Anfang der Bildfolge) suggerierte Thema so gut wie nichts mit dem intendierten Thema zu tun hat.[26] Solche Fälle müßten textlinguistisch noch genauer untersucht werden, wobei der Zusammenhang zwischen Kohärenz, Makrostruktur und Thema zu analysieren ist.

---

24 Vgl. hierzu auch VAN BELLE (1990:4): "Het centrale thema van een tekst kan in een nominale constituent gevat worden". Er gibt als Beispiel an: "de stigging van de Belgische staatsschuld in de jaren 80".

25 Vgl. dazu KNIFFKA 1980, wo Schlagzeilen systematisch in ihren sprachlichen Bezügen (zum Lead und Body des Zeitungsberichts), aber auch in ihren außersprachlichen Relationen (zur Situation, der politischen Einstellung der Zeitung usw.) analysiert werden.

26 In ihrem sehr instruktiven Buch zur Werbesprache geht RÖMER (1968) zwar nicht auf die Struktur (und in diesem Zusammenhang auf Überschriften) von Werbeanzeigen ein, aber (S.184) auf einleitende Fragen: "Die Frage kann aber auch nur eine Einleitung sein, von der aus dann in Stufen zu dem eigentlichen Warenangebot fortgeschritten wird. Die Frage ist so weit von der Sache entfernt, daß der Leser die Werbeabsicht leicht übersieht...".

3.4.2 Thema-Rhema-Analyse

"Thema" (engl. "topic") und "Rhema" (auch "Focus", engl. "comment") haben zunächst nichts mit Makrostrukturen von Texten oder mit dem Textthema zu tun. Sie sind nach WEISS (1975:24) "schon seit Jahrzehnten Teil der traditionellen Syntaxtheorie". SGALL/ HAJIČOVA/BENEŠOVA (1973:15) nennen die Prager Schule und speziell MATHESIUS (1924 u. 1929) als Anfang der Thema-Rhema-Analyse, die, noch vor Herausbildung der Textlinguistik, vorwiegend in Syntax und Semantik entwickelt wurde.

Die Thema-Rhema-Gliederung von Sätzen rührt jedoch daher, daß Sätze normalerweise nicht isoliert, sondern als Teile von Texten verwendet werden; hierbei ist es nicht egal, wie ich einen Text beginne, sondern das hängt davon ab, woran dieser Satz anschließt.

(3-28)   a   Ich muß an einer Konferenz in Berlin teilnehmen.
            b   Ich nehme das Auto.
            b'   Das Auto nehme ich.

Satz (3-28)b ist eine weit natürlichere Fortsetzung von (3-28)a als (3-28)b' - ein Satz, der in anderen Kontexten angebrachter wäre, z.B. nach (3-29):

(3-29)   (Autoverkäufer:) Na, was sagen Sie dazu?

Es ist zu beachten, daß die Betonung bei der Thema-Rhema-Struktur eine ebenso große Rolle spielt wie die Konstituentenfolge, was LENERZ (1977) bei seinen Analysen der Abfolge nominaler Satzglieder im Deutschen eingehend berücksichtigt.[27]

Nun gibt es allerdings verschiedene Vorstellungen davon, was man unter "Thema" und "Rhema" zu verstehen habe. Drei Hauptansätze zur Definition von "Thema" und "Rhema" werden bei SGALL/HAJIČOVA/BENEŠOVA (1973) unterschieden (von denen dann nur einer, der sog. "Communicative Dynamism" (CD), weiter verfolgt wird); die entsprechenden Definitionen werden in der Rezen-

---

[27] Mit der Betonung *Ich néhme das Auto* ist Satz (3-31)b auch eine angemessene Antwort auf (3-32). Vgl. dazu auch HÖHLE 1982.

sion von WEISS (1975:25) zusammengestellt. Besonders verbreitet ist allerdings nicht der CD-Ansatz, sondern der, nach dem das Thema alte (etablierte, bekannte) Information enthält, das Rhema dagegen neue, über das Etablierte hinausgehende.

Dieser Definition folgt auch REIS (1977:212). Sie bemerkt allerdings:

> "Die kommunikative Unterscheidung, die mit Topic (Thema) : Focus (Rhema, Comment) angestrebt wird, ist intuitiv klar, ohne daß freilich die zu ihrer Explikation verwendeten Gegensatzpaare - alte : neue bzw. bekannte : unbekannte bzw. kontextuell gebundene : ungebundene Information; das, worüber man spricht : das, was darüber gesprochen wird - leicht zu präzisieren wären oder sich in jedem Fall miteinander deckten."

Thema und Rhema sind Kategorien der Performanz, nicht der Kompetenz; sie beziehen sich nach REIS (1977:212)

> "nicht primär auf die syntaktische Einheit Satz, ... sondern auf kommunikative Einheiten der Rede, gleich ob diese durch mehrere Sätze, einen Satz oder nur Satzfragmente (z.B. bei Antworten) verwirklicht sind. Von daher müssen auch nicht alle Sätze eine Topic/Comment-Gliederung im oben explizierten Sinn aufweisen - es gibt durchaus Sätze, die als ganze thematisch oder rhematisch sind ...".

Bei Textanfängen finden sich naturgemäß oft rhematische Sätze. Der Fall, daß ein Satz voll thematisch ist, kommt meist nur bei Wiederholungen vor:

(3-30) A: Wo ist Hans denn?
        B: Hans ist in Bombay.
        A: <u>Hans ist in Bombay.</u> Na so was.

Als Beleg für einen rhematischen Satz führt REIS (1977:213) den unterstrichenen Satz in (3-31) (nach DAHL 1975:350) an:

(3-31) Do you know what I read in the newspaper? <u>Hitler was a Jew.</u>

All diese Thema-Rhema-Strukturen sind textlinguistisch auf der Basis von Mikrostrukturen zu analysieren.

3.4.3 Thema-Rhema-Analyse von Texten

Nun gibt es jedoch auch Versuche, Texte durchgehend in Thema-Rhema-Strukturen zu zerlegen. Einen solchen Versuch unternimmt DANEŠ (1970) (wieder in DRESSLER (ed.) 1978):

> "Die eigentliche thematische Struktur des Textes besteht dann in der Verkettung und Konnexität der Themen, in ihren Wechselbeziehungen und ihrer Hierarchie, in den Beziehungen zu den Textabschnitten und zum Textganzen, sowie zur Situation. Diesen ganzen Komplex von thematischen Relationen im Text nenne ich die "thematische Progression" (TP). Diese Progression stellt das Gerüst des Textaufbaus dar."

Es handelt sich hier also um eine alternative Art, Makro- und Mikrostrukturen von Texten abzuleiten, und zwar mithilfe der Thema-Rhema-Analyse. Dabei unterscheidet DANEŠ (1978:189) verschiedene Typen der TP:

- **Einfache lineare Progression**

T33   *Textbeispiel* (nach DANEŠ 1978:189)

Alle Stoffe bestehen aus Atomen. Diese winzig kleinen Teilchen der Materie machen freilich ihrem Namen keine allzu große Ehre, denn "Atom" bedeutet ja "unteilbar". Durch "Zerstrahlung" einer Masse von einem Gramm Materie könnte eine Strahlungsenergie von 90 Billionen Joule gewonnen werden. Diese Energiemenge ist gewaltig: es handelt sich um 25 Millionen Kilowattstunden.

Abb.5 Thema-Rhema-Struktur von T33

$$\begin{array}{l} T_1 \dashrightarrow R_1 \\ \quad | \\ \quad T_2\ (=R_1) \dashrightarrow R_2 \\ \qquad\quad | \\ \qquad\quad T_3\ (=R_2) \dashrightarrow R_3 \\ \qquad\qquad\qquad\quad \cdot \\ \qquad\qquad\qquad\quad \cdot \end{array}$$

Das Rhema der ersten Aussage wird zum Thema der zweiten usw.

- **Typus mit durchlaufendem Thema**

T34   *Textbeispiel* (nach DANEŠ 1978:189f.)

Goethe war überzeugt von dem Fortschritt der menschlichen Entwicklung. Er trat für die Erziehung des Menschengeschlechts zur friedlichen Entwicklung ein ...Goethes Humanismus ging aus von dem Glauben an das Gute im Menschen ... Goethe nannte sich ein 'Kind des Friedens'". (Aus dem Artikel: "Goethes Erbe in unserer Zeit")

Abb.6 Thema-Rhema-Struktur von T34

$$\begin{array}{l} (T_1 \dashrightarrow R_1) \\ \quad | \\ \quad T_2\ (=R_1) \dashrightarrow R_2 \\ \quad | \\ \quad T_2\ (=R1) \dashrightarrow R_3 \\ \quad | \\ \quad T_2\ (=R1) \dashrightarrow R_4 \end{array}$$

Hier werden einem Thema fortlaufend neue Rhemen zugeordnet.

- **Progression mit abgeleiteten Themen**

T35   *Textbeispiel* (nach DANEŠ 1978:190)

Die Sozialistische Republik Rumänien liegt am Schnittpunkt des 45. Breitengrades mit dem 25.Längenkreis. Die Bodenfläche des Landes beträgt 235.500 Quadratkilometer; seine Bevölkerungszahl ist 19 Millionen Einwohner. Die Staatsgrenze hat eine Gesamtlänge von ... Kilometern. ...

Abb.7   Thema-Rhema-Struktur von T35

$$
\begin{array}{c}
(T) \\
\overline{} \\
/ \qquad / \qquad \backslash \\
T_1 \to R_1 \quad / \qquad \quad \backslash \\
T_2 \to R_2 \qquad \backslash \\
T_3 \to R_3
\end{array}
$$

Hier sind Teilthemen von einem Hyperthema (hier: geographische Daten über Rumänien) direkt abgeleitet.

- **Entwicklung eines gespaltenen Rhemas**

T36   *Textbeispiel* (nach DANEŠ 1978:191)

Die Widerstandsfähigkeit in feuchter und trockener Luft ist bei verschiedenen Arten pathogener Viren sehr unterschiedlich. Poliomyelitisviren sterben in trockener Luft sofort ab, während sie bei einer Luftfeuchtigkeit von 50% relativ stabil sind. (...) Bei Grippeviren ist es hingegen umgekehrt; wenn die Luftfeuchtigkeit unter 40% bleibt, so halten sie sich recht gut, sie gehen aber rasch zugrunde, wenn die Luftfeuchtigkeit höher liegt (...).

Abb.8 Thema-Rhema-Struktur von T36

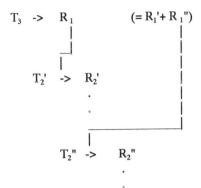

Hier gibt es ein (explizites oder implizites) Doppelthema, dessen Komponenten Ausgangspunkte für selbständige Teilprogressionen bilden. Zuerst wird die eine Teilprogression entwickelt, danach die zweite usw.; der Übergang zur nächsten Teilprogression wird durch verschiedene Sprachmittel signalisiert (in T36 hat z.B. *hingegen* diese Funktion).

DANEŠ (1978:191) nennt weiterhin die **TP mit thematischem Sprung,** wo in der Progression ein Glied der thematischen Kette ausgelassen wird.

Diese fünf Typen werden nach DANEŠ (1978:192) in konkreten Texten meist nicht in reiner Form realisiert, sondern auf verschiedene Weise kombiniert. Außerdem werden die Progressionen im Text durch unterschiedliche Zusätze und Parenthesen verwickelt.

Ich lasse es dahingestellt, ob man mit diesen fünf Typen und ihren Kombinationen auskommt. Der Ansatz verdient auf jeden Fall Beachtung.

KLEIN/VON STUTTERHEIM (1987 und 1991) machen den interessanten Versuch, Textthema und Textstruktur dadurch zu bestimmen, welche Frage(n) der Text beantwortet. Der Text in seiner Gesamtheit dient ihrer Meinung nach (vgl. 1987:163) dazu, eine explizite oder implizite Frage zu beantworten, die **Quaestio** des Textes. Die einzelnen

Äußerungen tragen zur Beantwortung dieser Frage(n) bei, und die Beschränkungen, denen der Textaufbau unterliegt, haben ebenfalls mit der Quaestio zu tun.

Man muß zwischen der Quaestio des Gesamttextes (der "Textfrage") und der einer einzelnen Äußerung unterscheiden. Die Frage, wie man z.B. einen Marmorkuchen bäckt, läßt sich nicht in einem Satz beantworten. Die Antwort verteilt sich auf mehrere nacheinander geäußerte Sätze, die auf bestimmte Weise miteinander verknüpft sind. Jede Äußerung enthält zwei Komponenten, die die Autoren "Topik" und "Fokus" nennen, für die ich aber die üblicheren Termini "Thema" und "Rhema" benutzen will (s. 3.4.2). Das Thema gibt die Alternative an, die es zu entscheiden gilt, das Rhema, "welche Alternanten der Sprecher tatsächlich wählt" (1987:164).

In der Thema-Rhema-Literatur wird gewöhnlich der Fragetest als Kriterium für die Festlegung von Thema und Rhema genannt. Auch KLEIN/VON STUTTERHEIM (1987) benutzen diesen Test, wobei sie davon ausgehen, daß nicht nur die Texte analysierenden Linguisten, sondern auch die Teilnehmer eines konkreten Kommunikationsvorgangs solche Fragen stellen - allerdings im allgemeinen implizit. In (3-32) ist - aufgrund der vorangehenden Frage - das Subjekt Rhema, in (3-33) das indirekte Objekt, in (3-34) die Richtungsangabe; der Rest ist jeweils thematisch.

(3-32) (Wer ist gekommen?) - Hans ist gekommen.
(3-33) (Wem hast du den Schlüssel gegeben?) - Ich habe den Schlüssel dem Hausmeister gegeben.
(3-34) (Wohin fährt der Bus?) - Der Bus fährt zum Dom.

Natürlich kann auch ein ganzer Satz thematisch oder - besonders am Textanfang - rhematisch sein (vgl. die Beispiele von REIS (1977) in 3.4.2).

Nun gehen KLEIN/VON STUTTERHEIM (1987:167) jedoch davon aus, daß nicht jede Äußerung in einem Text eine (partielle) Antwort auf die Quaestio des Textes ist. Das gilt nur für Äußerungen der Hauptstruktur; zwischen diese sind jedoch Äußerungen eingeschaltet, die zur Nebenstruktur (zum Hintergrund) des Textes gehören (ebd., 181):

"Nebenstrukturen sind negativ definiert. Sie antworten nicht auf die Quaestio des Textes, obwohl sie natürlich indirekt doch zu der gesamten Antwort beitragen."

Der Ansatz von KLEIN/VON STUTTERHEIM (1987) scheint mir besonders geeignet sowohl zur Analyse der Textstruktur als auch zur Bestimmung des Themas zu sein.

Die Information in einem Text wird schrittweise entfaltet. Da hierbei Referenzbeziehungen die Hauptrolle spielen, wird das Vorgehen von KLEIN/VON STUTTERHEIM 1987 bzw. 1991 in 4.3.3 eingehend beschrieben.

3.5 Aufgaben

A21 Der Satz als minimale Texteinheit

Wie läßt sich die These von LANG (1973) und GÜLICH/RAIBLE (1977), daß der Satz die minimale Texteinheit ist und daher bei der Bestimmung von "Text" eine Rolle spielen muß (vgl. 3.1), mit der Einsicht der Textlinguisten in Einklang bringen, daß Textlinguistik nicht eine Erweiterung der Satzlinguistik ist?

A22 Proposition / Satz / Sprechakt

Nach den Erkenntnissen von Logikern und Linguisten gibt es weder eine 1:1-Entsprechung zwischen Proposition[28] und Satz noch zwischen Satz und Sprechakt. Untersuchen Sie bei folgenden Äußerungen, wieviele Propositionen jeweils einem Satz und wieviele Sätze einem Sprechakt - bzw. wieviele Sprechakte einem Satz - zuzuordnen sind:

---

28 Der in der Logik übliche Propositionsbegriff enthält eine Prädikation. Insofern sind nicht abgeleitete NPs wie *Haus* oder *Inge* anders als bei VAN DIJK (1980) (vgl. z.B. (3-17)/(3-18) in 3.3.2) nicht als Proposition aufzufassen.

(1) Während der Verhandlung sprach Peter kein Wort.
(2) Paulchen, laß Kathrin in Ruhe!
(3) Nach dem Essen sollst du ruhn oder tausend Schritte tun.
(4) Vorsicht, bissiger Hund!
(5) Was du nicht willst, das man dir tu, das füg auch keinem andern zu.
(6) Tschüs![29]
(7) Ich habe Sie neulich auf der Straße nicht erkannt. Entschuldigen Sie das bitte.
(8) Vater unser, der du bist im Himmel, geheiliget werde dein Name.
(9) Und vergib uns unsere Schuld, wie auch wir vergeben unseren Schuldigern.
(10) Ich kam, sah, siegte.

A23 Mikrostrukturen

Analysieren Sie die Mikrostrukturen im zweiten Absatz des Textes nach dem vorgegebenen Muster für den ersten Absatz, wobei Sie sich auf die Kohäsionsstruktur beschränken können. Kennzeichnen Sie Kohäsion durch gleichen Index für die jeweils kohäsiven Ausdrücke. Kohäsion drückt nicht notwendig Koreferenz aus, sondern z.B. auch eine Teil-Ganzes-Beziehung (vgl. K1) oder noch andere Beziehungen.

Ein Ausdruck kann gleichzeitig mit mehreren anderen Ausdrücken in verschiedenen Kohäsionsrelationen stehen: Von *ein Akkordeonspieler* führt eine Relation K2a - die eine Produzent-Produkt-Beziehung ausdrückt - zu *Musik* und *Akkordeonspielen*, während die Relation K2b zu *Musikant* Koreferenz bezeichnet.

Rückzug auf leisen Sohlen

... Es war noch früh und ein bißchen kühl, doch schon füllten sich die Plätze von *Dubrovniks bildschöner Altstadt* (K1). *Ein Akkordeonspieler* (K2) legte eine Mütze für Kleingeld auf das *Pflaster* (K1). *Die Musik* (K2a) hatte Schwung ... Plötzlich waren *Polizisten* (K3) da.

---

[29] Nach SEARLE (1969:67) enthalten Grüße keine Propositionen.

Akkordeon spielen (K2a) sei nicht erlaubt, sagten *sie* (K3). Doch *der Musikant* (K2b) pochte auf die Gewerbefreiheit.
Die Polizisten aber wurden grob und warfen das Akkordeon in ihr Auto, den Mann stießen sie hinterher. Rasch bildete sich ein Kreis von Zuschauern um das Gerangel. Der Akkordeonspieler hielt sich verzweifelt am Türrahmen fest. Ein Polizist zückte den Schlagstock. *"Demokratija"* rief der Akkordeonspieler. Der Kreis der Zuschauer wurde dichter. Immer mehr Leute nahmen den Ruf auf: *"Demokratija. Demokratija."* Der Zugriff der Polizisten wurde sanfter, blieb aber bestimmt. Schließlich gelang es ihnen, den Mann ganz in den Wagen zu drängen. Unbehelligt fuhren sie davon, die Menge zerstreute sich.

(Dirk KURBJUWEIT, in: *Die Zeit* 13.4.90:37)

A24 Makrostruktur

Geben Sie die Makrostruktur des Texts in A23 in Form von Propositionen wieder, die möglichst knapp das jeweilige Geschehen zusammenfassen. Nennen Sie das Thema in Form einer zusammenfassenden Proposition (vgl. T32 in 3.3.2).

A25 Makrostrukturen von Kurztexten

Diskutieren Sie anhand von Sprichwörtern wie "In der Kürze liegt die Würze" oder "Wer andern eine Grube gräbt, fällt selbst hinein" die Problematik der Makrostruktur bei Minimal-Texten und nehmen Sie dazu Stellung, ob bei solchen Texten eine Makrostruktur überhaupt angebracht sei.

A26 Mikro- und Makrostruktur

Geben Sie zunächst die Mikrostruktur des folgenden Textes in Form von Propositionen (nach dem Muster von VAN DIJK 1980) an und kennzeichnen Sie die wichtigsten Kohäsionsbeziehungen (vgl.A23). Geben Sie dann die Makrostruktur in Form von Propositionen an und versuchen Sie, die Propositionen in einer Pyramidenstruktur nach dem Muster von VAN DIJK 1980 - vgl. Abb.4 - anzuordnen.

Mumie wird auf Aids untersucht

London (dpa) - Zwei niederländische Wissenschaftler untersuchen Gewebeproben einer ägyptischen Mumie auf den Aids-Virus. Wie die Londoner "Times" gestern berichtete, glauben Professor Jaap Goudsmit von der Universität in Amsterdam und sein Kollege Rutger Perizonius aus Utrecht, der Erreger könnte durch eine neue Analysemethode in Gewebeproben nachgewiesen werden, die einer 5000 Jahre alten Mumie aus dem Britischen Museum in London entnommen wurden.
Die Wissenschaftler gehen davon aus, daß der Virus jahrtausendelang in afrikanischen Affen existierte, bevor er zu der Form mutierte, die die Aids-Epidemie auslöste. Sie entnahmen im Britischen Museum auch Proben eines 500 vor Christus mumifizierten Affen.

(*Kölner Stadtanzeiger* 13.7.90:13, gekürzt)

A27 Thema-Rhema-Struktur eines Textes

Geben Sie (mit Argumenten) an, welchem Typ der thematischen Progression im Sinne von DANES 1978 der Text in A26 zuzuordnen ist.

A28 Quaestio

Bestimmen Sie nach KLEIN/VON STUTTERHEIM 1987 die Quaestio des folgenden Textes und der einzelnen Sätze im Text.

Unter Physiognomik wollen wir hier nur die Kunst verstehen, aus den unveränderlichen Zügen des Gesichts einer Person auf ihren Charakter zu schließen. Wir wollen hier allein den Kopf betrachten, als von welchem alles kommt und wohin auch alles wieder zurückgeführt wird, und weil man nichts mehr erkennt, sobald er zugedeckt wird. Es sind selten stark bleibende Abweichungen in irgend einem Teil des Leibes, die nicht auch im Gesicht ihre Zeichen hätten. Personen, die verwachsen sind, zumal an den Schienbeinen, haben gemeiniglich ein sonderbares Unterkinn. Die stumpfen Füße sind gemeiniglich mit stumpfen Nasen beisammen, aber nicht umgekehrt. Lange Finger gemeiniglich bei blassen Leuten.

(LICHTENBERG, *Aphorismen*, in: *Werke in einem Band*, Hamburg: Hoffmann und Campe, o.J., S.87)

A29 Haupt- und Nebenstruktur

Welche Sätze bzw. Satzkonstituenten (z.B. Nebensätze, Appositionen, Attribute) gehören im folgenden Text zur Haupt-, welche zur Nebenstruktur?

Masur bleibt Musiker

Berlin (dpa) - [1] Der Kapellmeister des Leipziger Gewandhausorchesters, Kurt Masur, will nicht Präsident der DDR werden. [2] Einem entsprechenden Vorschlag des rehabilitierten früheren Leiters des "Aufbauverlages", Walter Janka, stehe er ablehnend gegenüber, sagte Masur. [3] Er wolle Musiker bleiben. [4] Masur hatte bei den Leipziger Montagsdemonstrationen eine wichtige Rolle gespielt.

(*Kölner Stadtanzeiger* 16./17.12.1989:6)

A30 Thematische Progression

Beschreiben Sie die thematische Progression im folgenden Text (nach DANEŠ 1978) in der Ihnen geeignet erscheinenden Diagrammform (vgl. 3.4.3).

Diebe machten reiche Beute

Schmuck, Pelze, eine Videokamera und Bargeld im Gesamtwert von 100.000 Mark stahlen Diebe während des Jahreswechsels aus einer Wohnung an der Braunsfelder Hülzstraße. Die Wohnungsinhaber waren während der Tatzeit nicht zu Hause. Als sie gegen 2 Uhr am Neujahrstag von einer Silvesterfeier zurückkehrten, entdeckten sie den Einbruch. Wie die Polizei ermitteln konnte, war die Beute in einem Bettbezug abtransportiert worden. Die Ermittler bitten unter der Rufnummer 229-1 um Hinweise über die Täter.

4. Referenz in Texten

4.0 Vorbemerkungen

Referenzlinguistik befaßt sich mit den Bezügen sprachlicher Ausdrücke auf Außersprachliches, wobei ich vorläufig offen lasse, ob damit die reale Welt, eine mögliche oder eine in unserem Bewußtsein existierende "projizierte Welt" gemeint ist. "Sprachlicher Ausdruck" steht zusammenfassend für einen Satz oder eine Phrase, z.B. eine Nominalphrase wie *der Fahrer des Wagens* oder eine Präpositionalphrase wie *im Garten*.

Nicht nur Linguisten, sondern auch "sprachliche Normalverbraucher" sind sich darin einig, daß man Sprache nicht um der Sprache willen gebraucht, sondern um damit etwas mitzuteilen, zu erfragen, jemanden zu etwas zu bewegen usw. Mit sprachlichen Äußerungen wird auf Ereignisse und Gegenstände Bezug genommen; diese Bezugnahme ist unerläßlich für sprachliche Kommunikation. Zunächst ist festzustellen, in welcher Weise sprachliche Ausdrücke referieren. Hier einige Beispiele:

(4-01)   Halt den Mund!
(4-02)   Halt den Hund!
(4-03)   Halt den Rund!
(4-04)   Halt den Und!

Man kann davon ausgehen, daß (4-01) und (4-02) in ihrer Referenz leichter durchschaubar sind als (4-03) und (4-04) und daß mit *halten* in (4-01) und (4-02) etwas Verschiedenes gemeint ist. Man sieht daran, daß die Referenzeigenschaften sprachlicher Ausdrücke sich unterscheiden: *Halten* referiert offenbar auf jeden Fall, wenn auch auf Verschiedenes (eine Aktivität in (4-02), einen Zustand in (4-01)). *Rund* referiert auf eine Eigenschaft, nicht einen Gegenstand, ist daher als Objekt für *halten* nicht geeignet; *und* referiert gar nicht, sondern dient normalerweise nur der logischen Verknüpfung sprachlicher Ausdrücke. Im übrigen sind Sprachausdrücke nicht immer referentiell eindeutig, wie folgendes Beispiel zeigt:

(4-05)   Gesa und Ina haben ein Brüderchen bekommen. Dank dem Herrn, der über uns wohnt.

(Geburtsanzeige, RÖHRICH 1980:7)

Worin besteht nun der Zusammenhang zwischen Text und Referenz? Texte sind - wie schon diese knappen Beispiele zeigen - voller referierender Ausdrücke. In einem normalen Text wird referiert. Natürlich gibt es auch nicht-normale Beispiele:

(4-06)   Kroklokwafzi, sememimi, seiokrontropro (vgl. T23)

Andererseits geschieht jedes Referieren normalerweise in Texten und erst durch den textuellen Zusammenhang sind Referenzbeziehungen erschließbar.

Referierend werden im allgemeinen Phrasen verwendet, nicht einzelne Wörter. Auch von Sätzen kann man annehmen, daß sie referieren, nämlich auf Sachverhalte (s. 4.2); aber diese Ansicht wird nicht von allen Linguisten und Logikern geteilt.

Was das Außersprachliche ist, auf das Sprachausdrücke referieren, ist Gegenstand der Diskussion. Nahm man früher an, daß Sprachzeichen auf die reale Welt referieren, weitete man das später aus auf alle möglichen Welten, da man ohne weiteres auch auf Gegenstände fiktiver Welten, z.B. den Weihnachtsmann, Frau Holle oder Pegasus, referieren kann. In neuerer Zeit setzt sich mehr und mehr die Ansicht durch, daß sprachliche Ausdrücke - nach JACKENDOFF 1983 - auf Einheiten einer konzeptuellen Welt bzw. einer aus unserem Bewußtsein "projizierten Welt" referieren (vgl. auch BIERWISCH 1983a und b).[30]

Das Bezugsobjekt eines referierenden sprachlichen Ausdrucks wird "Referent" genannt. THRANE (1980) macht einen Unterschied zwi-

---

30   Nach Ansicht des radikalen Konstruktivismus wird die Welt sogar erst in unserem Bewußtsein konstruiert: "Die Umwelt, so wie wir sie wahrnehmen, ist unsere Erfindung" sagt VON FOERSTER (1981:40) und bemüht sich im folgenden, seine These durch Experimente zu belegen.

schen referentiellen und referierenden Ausdrücken. "Referentiell" ist ein Ausdruck, wenn er die Möglichkeit hat zu referieren. Referentiell sind ihm zufolge ausschließlich Nominalphrasen (NPs). Wenn diese nun im konkreten Fall einer sprachlichen Äußerung tatsächlich zum Referieren benutzt werden, nennt er sie "referierend". Dabei ist klarzustellen, daß es sich hier um eine abgekürzte Ausdrucksweise handelt: Nicht der Ausdruck referiert, sondern ein Mensch referiert mittels dieses Ausdrucks.

Mittlerweile nehmen viele Linguisten - z.B. DAVIDSON 1967, BIERWISCH 1983a und b und 1988, JACKENDOFF 1983 und EHRICH 1991 - an, daß auch andere Phrasen, also Präpositionalphrasen (PPs), Adjektivphrasen (APs), Verbphrasen (VPs) sowie Sätze (s. oben) referieren können, d.h. referentiell sind. Ich teile diese Ansicht. Nichtreferentiell wären demnach nur die sprachlichen Ausdrücke, die rein sprachstrukturellen Erfordernissen genügen, wie z.B. Konjunktionen, oder die spontane Gefühlsäußerungen wiedergeben, wie Interjektionen. Determinantien haben eine referentielle (nämlich determinierende) Funktion nur im Hinblick auf das begleitende Substantiv, d.h. als Teil einer NP. Davon wird noch ausführlicher die Rede sein.

Die Diskrepanzen bei der Bestimmung von Referenz hängen teilweise mit den vielfältigen Aspekten des Untersuchungsgegenstandes, teilweise mit dem verwendeten wissenschaftlichen Ansatz zusammen. Dabei ist zu erwähnen, daß sich sehr verschiedene Disziplinen - innerhalb und außerhalb der Linguistik - mit Referenz befaßt haben: zunächst Logik und philosophische Semantik, dann linguistische Semantik, Pragmatik, Syntax, Soziolinguistik, Kognitive Linguistik und Künstliche Intelligenz (KI). Referenz ist wohl primär ein semantisch-kognitives Phänomen. Andere Disziplinen (z.B. die Syntax) haben es nur mit Teilaspekten der Referenz zu tun (vgl. VATER 1986).

4.1 Definition von "Referenz"

4.1.1 Referenz und Sinn

Bereits FREGE (1892a) unterscheidet zwei verschiedene Aspekte der Bedeutung sprachlicher Ausdrücke. Diese höchst interessante Abhandlung ist jedoch nur voll verständlich, wenn man vorher einige terminologische Probleme klärt; leider benutzt FREGE (1892a) eine recht unglückliche Terminologie - er gebraucht "Bedeutung" im Sinne von "Referenz" -, die zwar im folgenden nicht beibehalten wurde, jedoch auch nicht durch eine einheitliche geeignete Terminologie ersetzt wurde. Ich führe zur Klärung eine Übersicht von WUNDERLICH (1974:242) an, wobei ich als Oberbegriffe "Objektbezug" und "Begriffsbezug" als Hilfstermini wähle:

(4-07) **Objektbezug** **Begriffsbezug**

MILL 1863	denotation	connotation
FREGE 1892	Bedeutung	Sinn
RUSSELL 1905	denotation	meaning
CARNAP 1947	extension	intension
BLACK 1949	reference	sense

Soweit ich sehe, haben sich in der Logik die von CARNAP (1947) benutzten Ausdrücke "Extension" und "Intension" durchgesetzt, in der Linguistik (z.B. bei LYONS 1977 und darauf aufbauenden Werken) "Referenz" und "Sinn".

Mit "Referenz" ist Bezug auf Außersprachliches, auf "Referenten", gemeint, mit "Sinn" Bezug auf Innersprachliches, genauer eine semantische Abgrenzung des betreffenden Zeichens von anderen Zeichen der gleichen Sprache, so wie sie SAUSSURE (1916) beschrieben hat.

FREGE (1892a:40) geht davon aus, daß "a=a" und "a=b" Sätze von verschiedenem Erkenntniswert sind: "a=a" gilt a priori und ist nach Kant analytisch (tautologisch, immer wahr), während "a=b" eine wertvolle Erweiterung unserer Erkenntnis enthalten kann und nicht a priori zu begründen ist.

An folgenden Beispielen Freges kann man zeigen, worum es ihm geht:

(4-08) Der Sieger von Austerlitz ist der Sieger von Austerlitz.
(4-09) Der Sieger von Austerlitz ist der Verlierer von Waterloo.

(4-08) ist ein analytischer Satz, (4-09) nicht, denn er besagt, daß die Bezeichnungen *der Sieger von Austerlitz* und *der Verlierer von Waterloo* auf die gleiche Person, nämlich Napoleon Bonaparte, zutreffen, obwohl die beiden Bezeichnungen keineswegs synonym sind.

Andererseits müssen synonyme Ausdrücke wie *Apfelsine* und *Orange* nicht notwendig referenzidentisch verwendet werden:

(4-10)   Maria ißt eine Apfelsine.
(4-11)   Anna ißt eine Orange.

LYONS (1977:207) trifft die gleiche Unterscheidung wie FREGE (1892a/b), für die er die Terminologie von BLACK (1949) verwendet, gebraucht jedoch noch einen dritten Terminus, nämlich "denotation" (Denotation); das ist die Relation zwischen einem Lexem - d.h. einem Wort als Lexikoneinheit - und der Klasse von Gegenständen, auf die dieses Lexem referieren kann. Er nennt die Klasse möglicher Referenten eines Lexems "denotatum". Ich halte den Terminus "Referenzpotential" für geeigneter.

Dem Terminus "Denotation" entspricht m.E. genau das, was man in der Logik und Mengenlehre als "Extension" bezeichnet, d.h. die Menge aller Elemente, auf die eine Bezeichnung zutrifft. Der Sinn einer Bezeichnung dagegen besteht mengentheoretisch in der Intension, d.h. der Merkmalsmenge, durch die eine Menge gekennzeichnet ist (vgl. ALLWOOD/ANDERSSON/DAHL 1977:4f. und VATER 1986:21).[31] So läßt sich die Menge aller Teilnehmer einer Vorlesung auf zweierlei Art festlegen:

---

31   Den drei Bedeutungs-Komponenten ist bei LYONS (1977:50f.) noch eine andere Dreiteilung übergeordnet, und zwar:
    - **deskriptive Bedeutung**, d.i. die (wahre oder falsche) Beschreibung von Zuständen ("state of affairs"), die bejaht und verneint und objektiv überprüft werden kann;
    - **expressive Bedeutung**, d.i. der Bedeutungsaspekt, der mit charakteristischen Eigenschaften des Sprechers kovariiert;
    - **soziale Bedeutung**, d.i. der Aspekt, der dazu dient, soziale Relationen zu etablieren und aufrechtzuerhalten.
    Referenz, Denotation und Sinn sind Lyons zufolge Komponenten der deskriptiven Bedeutung.

- extensional, d.h. durch Aufzählung ihrer Elemente: < *Anna Aß­mann, Bruno Baum, Cäsar Casanova* usw.>;
- intensional, z.B. als <'Student(in)' & 'an der Universität Köln immatrikuliert' & 'Hörer(in) der Vorlesung "Referenz" '>.

Wichtig ist noch folgende Differenzierung: Während Denotation an das einzelne Wort - und zwar als abstrakte Lexikoneinheit - gebunden ist, kommt Referenz einer Phrase oder einem Satz zu, d.h. einem Ausdruck, der in einem konkreten Äußerungskontext verwendet wird; "Sinn" ist in beiden Hinsichten neutral, d.h. sowohl mit einzelnen Wörtern (abstrakt oder im konkreten Äußerungskontext) als auch mit komplexen Ausdrücken verbunden.

4.1.2 Referenz und Prädikation

SEARLE (1965 und 1969) nähert sich der Referenz vom Sprechakt her. Eine sprachliche Äußerung wird normalerweise zum Kommunizieren benutzt. Jeder Satz enthält mindestens einen Sprechakt (s. 3.1). Ein Sprechakt wiederum besteht nach SEARLE (1965) aus mehreren Teilakten:
- dem Äußerungsakt (oder lokutiven Akt),
- dem Propositionsakt,
- dem Illokutionsakt,
- dem perlokutiven Akt.

Der Äußerungsakt betrifft das phonologische und morphologische Material und die syntaktische Struktur des betreffenden Sprechakts. Der Illokutionsakt - der im Zentrum von Searles Untersuchungen steht - betrifft die Funktion der Äußerung als Bitte, Befehl, Aussage, Frage, Erlaubnis usw. Der Perlokutionsakt - den Searle vernachlässigt - betrifft globale Intentionen des Sprechers, z.B. ob er den Adressaten informieren oder irritieren will (vgl. SEARLE 1965:221). Der Propositionsakt betrifft den zugrundeliegenden Sachverhalt, d.h. das, was wahr oder falsch sein kann, sofern sich die Proposition mit der Illokution "Aussage" verbindet.

Proposition und Illokution sind nach SEARLE (1965 und 1969) untrennbar miteinander verbunden; eine Proposition wird normalerweise nicht ohne illokutive Funktion geäußert; eine Illokution ist ihrerseits an einen Propositionsakt gebunden - es sei denn, man wählt einen nicht-sprachlichen Äußerungsakt, z.B. indem man sich an die Stirn oder dem Adressaten auf die Schulter tippt. Proposition und Illokution sind andererseits selbständige Einheiten, die unabhängig voneinander variieren:

(4-12) Fritz liest die Zeitung.
(4-13) Liest Fritz die Zeitung?
(4-14) (Fritz!) Lies die Zeitung!
(4-15) Komm her!
(4-16) Geh!
(4-17) Leg dich hin!

In (4-12) - (4-14) variiert die Illokution bei gleicher Proposition, in (4-15) - (4-17) die Proposition bei gleicher Illokution.

Der Propositionsakt ist bei SEARLE (1969) in einen Referenz- und einen Prädikationsakt eingeteilt. Diese Einteilung läßt außer acht, daß sich Referenz auch innerhalb des prädikativen Teils einer Äußerung abspielen kann (vgl. VATER 1984c):

(4-18) Paul kennt Maria.
(4-19) Dem Jungen war komisch zumute.
(4-20) Es regnet/schneit/dämmert.

In (4-18) referiert außer dem Subjekt auch das Objekt, im subjektlosen Satz (4-19) nur das Objekt, in (4-20) referiert (im Sinne von SEARLE 1969, LYONS 1977, THRANE 1980 u.a.) gar nichts, denn das unpersönliche *es* wird hier nicht-referierend gebraucht; man kann nicht fragen: *Wer regnet/...?*, anders als in *Es weint*, wo man fragen kann *Wer weint?* und als Antwort z.B. *Das Kind* bekommt. Nimmt man Ereignisreferenz an - vgl. 4.2.1 -, dann referiert (4-20), aber als Ganzes und gerade nicht im *es*: Die Ereignisreferenz enthält hier keine Gegenstandsreferenz.

Neuerdings hat Searle sein Referenz-Konzept modifiziert und verfeinert (vgl. z.B. SEARLE 1983:220ff.). Die Sprechakteinteilung in Referenz- und Prädikationsakt ist jedoch m.W. bis jetzt nicht revidiert worden und findet sich auch in neueren textlinguistischen Darstellungen (z.B. bei BRINKER 1988²:24).³²

4.2 Referenztypen

4.2.1 Ereignisreferenz

Würden Sätze nicht zum Referieren benutzt, dann dürfte es so etwas wie Ereignisreferenz nicht geben, denn es sind charakteristischerweise Sätze, die zur sprachlichen Wiedergabe von Ereignissen benutzt werden. Die Formulierung "zur sprachlichen Wiedergabe von Ereignissen benutzt werden" ist aber praktisch synonym mit "auf Ereignisse referieren".

Viele Textlinguisten, Pragmatiker und Semantiker arbeiten denn auch heute ohne weiteres mit Ereignisreferenz. Es sei hier auf VAN DIJK (1980) verwiesen, der annimmt, daß Propositionen auf Sachverhalte referieren (und nicht einfach auf Wahrheitswerte), und auf BEAUGRANDE/DRESSLER 1981, die für Texte eine zugrundeliegende Konzeptstruktur annehmen, in der Ereigniskonzepte miteinander und mit Gegenstands- und Ortskonzepten durch Relationen verbunden sind. Für PADUCEVA (1988:171) ist Referenz "Inbeziehungsetzen der Äußerung und ihrer Teile mit der Wirklichkeit - mit Objekten, Ereignissen, Situationen, Sachlagen...".

JACKENDOFF (1983:36) nimmt an, daß sprachliche Ausdrücke nicht nur auf Dinge, sondern auch auf Orte, Ereignisse und einige an-

---

32 Die Opposition Referenz : Prädikation kommt bereits bei Frege vor: FREGE (1892b:67) sieht den Begriff als prädikativ an, nämlich als "Bedeutung eines grammatischen Prädikats". Ein "Gegenstandsname" referiert, ein Prädikat nicht. In Sätzen wie *Der Morgenstern ist die Venus* haben wir zwar zwei Eigennamen, aber der zweite ist Teil des Prädikats und referiert daher nicht. Das Prädikat *ist die Venus* (genauer: *ist nichts anderes als die Venus*) bedeutet einen Begriff, unter den in diesem Fall nur ein einziger Gegenstand fällt. Daß allerdings "der bestimmte Artikel immer auf einen Gegenstand hinweist, während der unbestimmte ein Begriffswort begleitet" (FREGE 1892b:69), möchte ich bestreiten.

dere Entitäten referieren - allerdings nicht auf Dinge usw. in der realen Welt, sondern in einer projizierten Welt. Er führt vor allem zwei Argumente dafür an, daß Menschen mithilfe sprachlicher Ausdrücke nicht auf die reale, sondern auf eine projizierte Welt referieren:

- Er stützt sich vornehmlich auf Ergebnisse der Gestaltpsychologie, wonach Menschen beim Wahrnehmen etwas in die wahrgenommenen Dinge usw. hineinprojizieren, ja, daß sie die wahrgenommenen Gestalten erst in ihrem Bewußtsein schaffen. So wird Abbildung 9 als Viereck wahrgenommen, obwohl physikalisch gesehen nur 4 Punkte existieren; der Rest wird hinzugedacht.

Abb.9 *Abb.10*

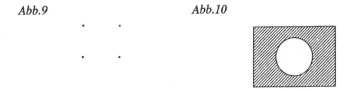

In Abb. 10 wird entweder eine viereckige Platte mit einem Loch gesehen oder eine runde Platte auf einer viereckigen Unterlage. Auch hier wird das Entscheidende in die Wirklichkeit hineinprojiziert, wobei sogar einer Entität der realen Welt zwei verschiedene wahrgenommene Gestalten entsprechen.

Wir können sogar Bewegung wahrnehmen, wo in Wirklichkeit keine stattfindet, z.B. in einem Trickfilm oder einer einfachen Zeichnung, die vortäuscht, daß ein Punkt hinter einem Balken verschwindet und auf der anderen Seite wieder herauskommt (vgl. Abb. 11):

Abb.11

- Das zweite Argument stützt sich auf die Tatsache, daß wir genausogut über abstrakte Einheiten wie Propositionen, Mengen, Zahlen und Prädikate sprechen können wie über konkrete Einheiten.

Solchen abstrakten Einheiten dürfte jedoch schwerlich in der realen Welt etwas entsprechen.

JACKENDOFF (1983:42) macht folgende Unterscheidung: Einheiten der realen Welt - die wir als solche gar nicht wahrnehmen -, sind things (d.h. drucktechnisch nicht gekennzeichnet). Einheiten der projizierten Welt sind #things#; Einheiten der mentalen Repräsentation ("conceptual constituents"), die, wenn man sie sich bewußt macht, zu Einheiten der projizierten Welt werden, sind [THINGS].

JACKENDOFF (1983:52f.) führt auch sprachliche Evidenz dafür an, daß neben [DING]-Referenz noch andere Arten von Referenz anzunehmen seien. Es gibt nämlich nicht nur Proformen für [DING]-Bezeichnungen (*this, that, who, what*), sondern auch für Bezeichnungen von [ORTEN] (*there, where*), [RICHTUNGEN] (im Deutschen *dorthin* und *wohin*), [HANDLUNGEN] (vgl. *what did you do?*), [EREIGNISSE] (*what happened?*), [ART UND WEISE] (*how*). Diese Proformen können anaphorisch und deiktisch verwendet werden. Ein anschauliches Beispiel für deiktischen Gebrauch ist (4-21):

(4-21)   The fish was that (Sprecher *zeigt mit den Händen*) long.

Hier projiziert die Bewegung der beiden Hände eine konzeptuelle Einheit (nämlich die Länge des betreffenden Fischs), und die Proform *that* referiert auf diese projizierte Länge.

Eine wichtige These von JACKENDOFF 1983, nämlich daß semantische und konzeptuelle Struktur eines Satzes identisch sind, teile ich nicht. Ich halte es hier mit BIERWISCH (1983:63), der Jackendoffs Konzeption kritisiert. Sein Hauptargument besagt,

> "daß konzeptuelle Strukturen, also gedankliche Einheiten und Operationen, zwar eine Form der internen, mentalen Repräsentation haben müssen, daß diese Repräsentation aber nicht notwendig an Strukturen der natürlichen Sprache gebunden sein muß".

Wenn man getrennte Ebenen für Semantik und Kognition annimmt, dann kann man erklären, warum gleiche Konzepte in verschiedenen Sprachen verschieden ausgedrückt werden, und zwar so, daß die Ausgrenzung mithilfe sprachlicher Ausdrücke zu einem in den einzelnen Sprachen jeweils verschiedenen Bedeutungsumfang dieser Ausdrücke führt. Ein Standardbeispiel ist engl. *put*, das ins Deutsche mit *setzen, stellen, legen* (manchmal auch *hängen*) übersetzt werden muß. Die Bedeutung von *legen* ist - schon aufgrund seiner Opposition zu *stellen* und *setzen* - anders als die von *put*. Trotzdem kann man davon ausgehen, daß ein Englischsprechender annähernd die gleichen Konzepte zugrundelegt wie ein Deutscher, wenn er ausdrückt, daß jemand ein Buch auf den Tisch legt. JACKENDOFF (1983) nimmt übrigens selbst an, daß Konzepte universell sind.

Auch die Tatsache, daß es sprachliche Ausdrücke mit vager Bedeutung gibt - wie *er, der* und *hier* -, die erst durch konkrete Bezüge zu Teilen der Sprechsituation oder des Texts referentiell spezifiziert werden, spricht für die Trennung von Semantik und Kognition.

JACKENDOFF (1983:70) geht davon aus, daß alle Phrasen,[33] die konzeptuelle Konstituenten ausdrücken - mit Ausnahme der noch zu besprechenden [TYPE]-Phrasen -, referentiell sind.

JACKENDOFF (1983:57ff.) hält die Prädikatenlogik der ersten Stufe nicht für geeignet, die konzeptuelle Struktur von Äußerungen wiederzugeben, und entwickelt eine eigene formale Darstellung, die ich anhand seines Beispielsatzes (4-22) erläutern will.

(4-22) The man put the book on the table.

Dieser Satz referiert auf ein #Ereignis#, drei #Dinge# und einen #Ort#. Seiner Darstellung liegt die Annahme zugrunde, daß jeder syntaktischen Konstituente eine konzeptuelle Konstituente entspricht, die zu einer der ontologischen Kategorien gehört (JACKENDOFF 1983:67).

Dabei wendet er die von CHOMSKY (1970) für die Darstellung phrasaler syntaktischer Konstituenten eingeführte X-bar-Strukturierung auf die Darstellung der konzeptuellen Struktur an. (4-22) hat die konzeptuelle Struktur (4-23):

---

33 Für Jackendoff ist auch der Satz eine Phrase, nämlich eine maximale VP (vgl. JACKENDOFF 1977).

(4-23)

$$\left[\begin{array}{l}\text{EVENT}\\ \text{PUT}\,(\left[\begin{array}{l}\text{THING}\\ \text{THE MAN}\end{array}\right],\left[\begin{array}{l}\text{THING}\\ \text{THE BOOK}\end{array}\right],\left[\begin{array}{l}\text{PLACE}\\ \text{ON}\,(\left[\begin{array}{l}\text{THING}\\ \text{THE TABLE}\end{array}\right])\end{array}\right])\end{array}\right]$$

Der lexikalische Kopf einer phrasalen Konstituente entspricht einer Funktion in der konzeptuellen Struktur. Die Funktion kann null-, ein- oder mehrstellig sein (bis zu drei oder vier Stellen können vorkommen). In (4-23) drückt *put* eine dreistellige semantische Funktion aus: Drei Argumente werden einer ontologischen Kategorie [EVENT] zugeordnet. Die lexikalischen Elemente *man* und *book*, die in die ontologische Kategorie [DING] abgebildet werden, sind nullstellig, d.h. nicht-relational; sie subkategorisieren nichts. Die Präposition *on* ist einstellig, subkategorisiert eine NP und drückt somit eine einstellige Funktion aus, die in die ontologische Kategorie [PLACE] - als Lesart der PP - abgebildet wird.

Welche ontologische Kategorie von einer phrasalen Konstituente ausgedrückt wird, hängt von der Semantik der lexikalischen Einheit ab, die den Kopf der Phrase bildet. Das verb *put* bildet in die ontologische Kategorie [EVENT] ab. Andere Verben, wie *know* und *believe*, bilden in die Kategorie [STATE] ab.

Ein Wort noch zur Kategorisierung. JACKENDOFF (1983) sieht Kategorisierung, d.h. Zuordnung zu einer bestimmten ontologischen Kategorie, nicht als etwas Starres, Gegebenes an, sondern als die Fähigkeit eines Individuums - nicht notwendig eines Menschen! -, zu beurteilen, ob ein bestimmtes Ding eine Instanz einer bestimmten Kategorie ist, wobei Informationen aus dem Gedächtnis hinzugezogen werden. Ich verweise auf die hierfür relevante Arbeit von ROSCH 1977 und auf SCHWARZ 1991. Das zu kategorisierende Element nennt JACKENDOFF (1983:78) ein Token-Konzept, die Kategorie ein Type-Konzept:

> "A [TYPE] concept is the information that the organism creates and stores when it learns a category. Since #entities# of different ontological categories can be categorized, [TYPES] likewise divide into [THING TYPES], [PLACE TYPES], [EVENT TYPES] etc.".

JACKENDOFF (1983:94) betont, daß Phrasen, die [TYPES] ausdrücken, nicht referieren, was jedoch als problematisch angesehen werden muß (vgl. 4.2.4).

4.2.2 Zeitreferenz

Zeitreferenz - die zeitliche Einordnung von Ereignissen - ist ein Phänomen, das Philosophen, Psychologen und Linguisten im gleichen Maße als Herausforderung angesehen haben.

In vielen Sprachen wird in jedem Satz Zeitreferenz ausgedrückt, durch Tempusmorpheme im finiten Verb. Die Annahme, daß es auch Sprachen ohne Tempora gibt - vgl. WHORF (1946) in seinem Aufsatz über die Sprache der Hopi-Indianer oder COMRIE (1985) in seinem Buch *Tense* - ist nicht unumstritten. BULL (1968) nimmt an, daß jede Sprache über Mittel zur Zeitreferenz verfügt, manchmal allerdings nur mit der Unterscheidung "vollendet" - "nicht vollendet", wobei diese Unterscheidung nicht immer an der finiten Form des Verbs angezeigt wird. COMRIE (1985:3f.) bezweifelt zwar, daß es Kulturen ohne Zeitkonzept gibt und steht Whorfs Interpretation der Hopi-Sprache in dieser Hinsicht kritisch gegenüber. Er nimmt jedoch an,
- daß dies Zeitkonzept bei verschiedenen Kulturen recht unterschiedlich ist (so kommen Kulturen mit zyklischem Zeitkonzept vor),
- daß nicht alle Sprachen über die Kategorie "Tempus", d.h. "grammaticalized location in time" verfügen.

Lexikalische Mittel zur Zeitreferenz haben offenbar alle Sprachen. Die europäischen Sprachen verfügen sowohl über Tempora als auch über lexikalische Zeitreferenzmittel in Form von Temporaladverbialen. Wann kann man nun von Grammatikalisierung im Bereich der Zeitreferenz sprechen? Idealerweise (nach COMRIE 1985:10) dann, wenn
- Zeitreferenz obligatorisch ausgedrückt wird und
- durch gebundene Morpheme (z.B. Flexive) bezeichnet wird.

Diese "Idealkriterien" werden nur von wenigen Tempora erfüllt. Obligatorisch sind Tempora im Deutschen nur bei Sätzen mit finitem Verb - die allerdings die große Mehrheit bilden (vgl.(4-24), nicht jedoch bei sonstigen Satztypen (vgl.(4-25)).

(4-24) a Ich kam, sah, siegte.
       b Kommst du?
       c Wenn er doch käme!
(4-25) a Die Ausweise bitte!
       b Alles aussteigen!
       c Au!

Das Merkmal "gebunden" gilt im Grunde nur für ein einziges Tempus: das Präteritum; es wird durch gebundene Morpheme bezeichnet, nämlich durch Flexive wie in (4-26b), Veränderung des Wurzelvokals wie in (4-27b) oder eine Kombination aus beiden wie in (4-28b). Das Präsens wird überhaupt nicht gekennzeichnet, sondern erhält seinen "Wert" (im Sinne von SAUSSURE 1916) durch den Kontrast mit dem Präteritum:

(4-26) a hör-∅-en   b hör-t-en
(4-27) a seh-∅-en   b sah-∅-en
(4-28) a renn-∅-en   b rann-t-en

Die restlichen Tempora des Deutschen werden - wie auch in anderen indogermanischen Sprachen - nicht durch gebundene Morpheme ausgedrückt. Daß im Deutschen zwei weitere Tempora, nämlich Perfekt und Plusquamperfekt, anzunehmen sind, zeigt sich daran, daß die Konstruktion aus *haben* mit Partizip Perfekt strukturell und funktional ambig ist:

(4-29) (Ich habe gesehen), daß das Pferd die Fesseln bandagiert hat(te).
(4-30) ..., daß das Pferd den Knecht gebissen hat(te).

Diese Beispiele von LATZEL (1977) demonstrieren die verschiedenen syntaktischen Strukturen der *haben*-Partizip-Verbindungen:
In (4-29) bildet die Sequenz *die Fesseln bandagiert* eine Konstituente. Der Satz ist im Tempus Präsens und beschreibt einen gegenwärtigen Zustand. In (4-30) dagegen bildet *gebissen hat* eine Konstituente; das kommt im Nebensatz besser zum Ausdruck als im Hauptsatz, wo diese Konstituente diskontinuierlich ist (*hat [den Knecht] gebissen*). Das Tempus ist Perfekt; es wird auf einen vergangenen Vorgang referiert. Entsprechendes gilt für die Formen mit

hatte, die ambig sind zwischen einer Präteritums-Lesart (*bandagiert hatte*) und einer Plusquamperfekt-Lesart (*gebissen hatte*).

Bei den entsprechenden *sein*-Konstruktionen läßt sich zwar keine syntaktische Ambiguität feststellen, wohl aber eine semantische, zeitreferentielle:

(4-31) Der Hund ist entlaufen.

Diese Konstruktion kann entweder einen gegenwärtigen Zustand (im Tempus Präsens) oder einen vergangenen Vorgang (im Tempus Perfekt) beschreiben.

Kann man also getrost Perfekt und Plusquamperfekt als Tempora des Deutschen annehmen, die periphrastisch durch Hilfsverben und Partizipien ausgedrückt werden, ist andererseits die Annahme von Futurtempora im Deutschen problematisch.[34] Ich habe (in VATER 1975 und 1983) argumentiert, daß die *werden*-Konstruktion primär nicht Zeitbezug, sondern Modalität ausdrückt - wobei die Aktionsart des Verbs (im Gegensatz zu der Annahme von SALTVEIT 1960) eine relativ geringe Rolle spielt. Man vergleiche (4-32):

(4-32) Es ist drei Uhr / wird drei Uhr sein.

Was *werden* hinzufügt, ist die modale Komponente "Wahrscheinlichkeit", analog zu *müssen* und *können*:

(4-33) a Peter muß zuhause sein.
        b Peter wird zuhause sein.
        c Peter kann/könnte zuhause sein.

Meine Schlußfolgerung (vgl. VATER 1975:131): *Werden* ist ein Modalverb, das einen mittleren Wahrscheinlichkeitsgrad - zwischen dem durch *müssen* und *können* ausgedrückten - bezeichnet. Gestützt

---

34 Es gibt eine umfangreiche Literatur zu der Frage, ob das Deutsche Futurtempora hat. Ich selbst habe die Frage (in VATER 1983 und 1991b) verneint, wobei ich meine Ansichten auf SALTVEIT 1960 aufbaute, jedoch einen Schritt weiter gegangen bin als er, was wiederum von MATZEL/ULVESTAD 1982 teilweise kritisiert wurde.

wird diese These durch die Tatsache, daß das sogenannte "Futur II", also die Fügung aus *werden* + Part.Perf., ohne Zukunftsadverbial nicht etwas Zukünftiges, sondern etwas Vergangenes ausdrückt:

(4-34)   Ich werde das Buch an der Uni gelassen haben.

Mein stärkstes Argument für die modale Grundbedeutung der *werden*-Konstruktion ist die Tatsache, daß sie bei "modalitätsfreier" Zukunftsbezeichnung ausgeschlossen ist:

(4-35)   Freitag habe ich Geburtstag/*werde ich Geburtstag haben.

Meine Thesen wurden durch BRONS-ALBERT (1982) in vielen Hinsichten bestätigt, wobei sich auch zeigte, daß der Sprachstil eine Rolle spielt . Im gewählten, von normativen Regeln stark beeinflußten Stil wird die *werden*-Konstruktion eher rein futurisch verwendet als in ungezwungener Umgangssprache.

Kandidaten für Tempora des Deutschen sind noch Doppelperfekt und Doppelplusquamperfekt (vgl. dazu EROMS 1984 und VATER 1991b):

(4-36)   Ich habe/hatte es ganz vergessen gehabt.

Nun wird deutlich, warum die Zahl der deutschen Tempora umstritten ist: BARTSCH (1969) nimmt zwei, WEINRICH (1964) acht an! Die meisten Grammatiken halten am traditionellen Sechs-Tempora-System fest, einige Monographien postulieren vier, THIEROFF (1991) zehn.

Daß Tempora Zeitreferenz haben, ist mittlerweile allgemein akzeptiert. Zeitweilig wurde jedoch auch die Ansicht vertreten, daß Tempora andere Funktionen haben, so von WEINRICH (1964) (1971²:33), dem zufolge Tempora "Sprechhaltungen" ausdrücken (vgl. 2.1).

Heute wird eher diskutiert, welcher Art die Zeitbezüge der Tempora sind. Überwiegend ist man der Ansicht, daß Tempora die zeitliche Einordnung von Ereignissen kennzeichnen. Wie man sich diese Einordnung vorzustellen hat, darüber gehen die Meinungen auseinander.

In der linguistischen Tempusanalyse wird heute vor allem der Ansatz des Logikers Reichenbach verwendet. REICHENBACH (1947:288ff.) nimmt drei Bezugspunkte für die zeitliche Einordnung von Ereignissen an:
- S (point of speech),
- E (point of event),
- R (point of reference).

Am klarsten läßt sich dieses Bezugssystem am Plusquamperfekt erläutern. In Satz (4-37) (nach WUNDERLICH 1970) wird ausgesagt, daß das Verreistsein (E) zu einem Punkt (oder genauer: Intervall) in der Vergangenheit (R) bereits vergangen war. Da R vor dem Sprechereignis S liegt, ergibt sich: E vor R vor S.

(4-37)   Gestern waren Müllers schon drei Tage verreist.

Bei der Bezeichnung von Gegenwart ist nach Reichenbach E gleichzeitig mit R und S. Man könnte auch sagen: S dient als R und E ist gleichzeitig mit R. REICHENBACH (1947:290) nimmt fürs Englische an, daß beim Präteritum R mit E zusammenfällt (beide sind vor S), während beim Perfekt, dessen Gegenwartsrelevanz im Englischen offensichtlich ist, R mit S zusammenfällt und E vor beiden liegt.

EHRICH/VATER (1989) nehmen an, daß im Tempussystem einer Sprache intrinsische neben kontextuellen Relationen zu unterscheiden seien. Die intrinsische Relation betrifft das Verhältnis von E zu R, die kontextuelle das Verhältnis von R zu S. Die deiktische Relation ergibt sich aus beiden. Die intrinsische Relation ist stabil, während die kontextuelle eine Verschiebung gestattet, falls R gleichzeitig mit S ist, was beim Perfekt der Fall ist (vgl. EHRICH/VATER 1989:122).

Es gibt Verwendungen der Tempora, die sich weder durch die angenommene Grundbedeutung noch durch Verschiebungen der kontextuellen Relation erklären lassen. Dazu gehören Fälle wie (4-38) und (4-39). Hier sind zusätzliche pragmatische Faktoren zu berücksichtigen, z.B. unter Hinzuziehung Gricescher Implikaturen (vgl. GREWENDORF 1982 und die Kritik daran in LENERZ 1986).

(4-38)   Herr Ober, ich bekam ein Bier.
(4-39)   Was gab es morgen im Theater?

Zur Einführung in die Problematik der Zeitreferenz ist auf LYONS 1977, II (§15.4 u.§17.3), COMRIE 1985 und VATER 1991b zu verweisen, zur Vertiefung auf KOSCHMIEDER 1929, BULL 1968. Zu den Tempora des Deutschen sei der Leser vor allem auf FABRICIUS-HANSEN 1986 und die dort angegebene Literatur verwiesen; zur Theorie und Analyse von Tempora im allgemeinen und in einzelnen Sprachen: RAUH 1983, EHRICH/VATER (eds.) 1988 und ABRAHAM/JANSSEN (eds.) 1989.

4.2.3 Ortsreferenz

Ortsreferenz ist im Gegensatz zur Zeitreferenz in den Sprachen der Welt gewöhnlich weder obligatorisch noch grammatikalisiert. "Ortsreferenz" faßt zwei verschiedene Referenzbeziehungen zusammen: Positionierung eines Gegenstandes oder Ereignisses (Ortsreferenz im engeren Sinne) und direktionale Referenz, d.h. Bewegung auf einen Ort zu. Eine dritte Referenzart, nämlich Bezug auf den lokalen Ausgangspunkt (vgl. *X kommt aus Bonn*) ist m.E. ebenfalls anzunehmen, obwohl sie oft der direktionalen Referenz zugerechnet wird.

Der Ortsreferenz dienen verschiedene sprachliche Ausdrucksmittel: Adverbiale (in Form einer PP, eines Adverbs oder eines Adverbialsatzes), lokale Kasus (Lokativ, Allativ, Illativ usw.) sowie lokale und direktionale Verben. In den germanischen Sprachen ist der aus dem Indogermanischen ererbte Lokativ, der z.B. in den slawischen Sprachen eine große Rolle spielt, verlorengegangen. Einen Allativ, Illativ, Inessiv, Ablativ, Elativ usw. hat z.B. das Finnische. Zu den direktionalen deiktischen Verben gehören im Deutschen vor allem *kommen* und *gehen, setzen, stellen, legen, hängen* (transitiv, Prät. *hängte*), *plazieren*; Positionierung drücken Verben wie *sich befinden, wohnen, hängen* (intransitiv, prät. *hing*), u.a. aus.

Das wichtigste Mittel sind jedoch PPs, also komplexe Ausdrücke mit einer Prä- oder Postposition als Regens. Postpositionen sind im Deutschen selten (*entlang* ist ein typisches Beispiel, *durch* kann postpositional verwendet werden). WUNDERLICH (1982) hat darauf hingewiesen, daß der lokale Gebrauch von PPs nicht nur der historisch ältere ist, sondern daß auch synchron nicht-lokale (z.B. temporale und kausale) Verwendungen auf lokale zurückführbar sind.

Zur Referenzsemantik der PPs sei auf STEINITZ 1969, BARTSCH 1972, WUNDERLICH 1982 und BIERWISCH 1988 verwiesen.

Als Zentralbereich der Lokalreferenz kann der Bereich der Lokaldeixis angesehen werden. Unter "Deixis" versteht man seit der Antike den Bereich sprachlicher Mittel, die auf Bestandteile der Sprechsituation "zeigen". BÜHLER (1934) nimmt eine ich-hier-jetzt-Origo als Koordinatensystem für Personal-, Lokal- und Zeitdeixis (bzw. für Deixis überhaupt) an. Sprecher, Sprechort und Sprechzeit bilden die primären Bezugspunkte. Ein Satz wie (4-40) wirkt tautologisch:

(4-40)   Ich bin hier.

Das Hiersein wird offenbar genauso in jeder Äußerung impliziert wie die Jetztzeit. Daher wird (4-40) nur geäußert, wenn der Adressat den Sprecher nicht lokalisieren kann, z.B. im Dunkeln. Ein Satz wie (4-41) ist normalerweise widersprüchlich, kann aber sinnvoll mit entsprechenden Begleitgesten geäußert werden (z.B. indem man mit dem Finger auf zwei verschiedene Stellen einer Landkarte weist).

(4-41)   Weimar ist hier und nicht hier.

Sätze wie (4-42)a und (4-43)a werden normalerweise im Sinne der entsprechenden b-Sätze verstanden, in bestimmten Kontexten jedoch auch anders, beispielsweise synonym mit den c-Sätzen (vgl. dazu EHRICH 1991). Auf jeden Fall wird wohl Lokalreferenz impliziert.

(4-42)   a   Ich habe Geld.
         b   Ich habe Geld hier.
         c   Ich habe Geld auf dem Sparkonto.
(4-43)   a   Peter kommt.
         b   Peter kommt hierher.
         c   Peter kommt zur Tagung nach Saarbrücken.

Bestimmte Verben - die jedoch nur einen kleinen Teil des Verbwortschatzes einer Sprache ausmachen - verlangen eine Lokalangabe:

(4-44)   Peter wohnt/bleibt/befindet sich in Paris.

EHRICH (1982) hat das Bezugssystem von REICHENBACH (1947) auf die Lokaldeiktika *hier*, *da* und *dort* angewendet. Dabei dienen S (Sprecherort), D (Denotationsort - der Ort, den der Sprecher mittels eines deiktischen Ausdrucks benennt) und R (Referenzort) als Bezugspunkte. Bei Verwendung von *hier* wird nach EHRICH (1982:54ff.) S notwendig von R eingeschlossen, aber nicht unbedingt von D: Der Sprecher muß nicht unbedingt zusammen mit der Maus im Schrank sein, wenn er (4-45) äußert. Präsupponiert wird lediglich ein gemeinsamer Referenzraum R, der S und D einschließt (s. Abb. 12), im Gegensatz zu (4-47), wo der Referenzraum notwendig verschieden ist (vgl. Abb. 14). Bei (4-46) kann der Referenzraum S und D einschließen, muß es aber nicht (vgl. Abb. 13).

(4-45)   Hier ist eine Maus im Schrank.
(4-46)   Da ist eine Maus im Schrank.
(4-47)   Dort ist eine Maus im Schrank.

Abb.12   Lokalisierung in (4-46)

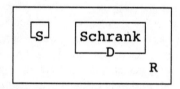

Abb.13   Lokalisierung in (4-47)

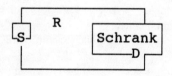

Abb.14 Lokalisierung in (4-48)

4.2.4 Gegenstandsreferenz

Gegenstandsreferenz ist der klassische Fall von Referenz; ursprünglich wurde Referenz ausschließlich als Gegenstandsbezug gesehen. "Gegenstand" ist im weiteren Sinne aufzufassen. In der Kognitionslinguistik wird heute angenommen, daß auf Gegenstände im Sinne von Gegenstands-Konzepten in einer mentalen "projizierten Welt" (vgl. 4.0) referiert wird, was auch für Ereignis-, Orts- und Zeitreferenz gilt.

Für die Gegenstandsreferenz werden fast ausschließlich Nominalphrasen (NPs) als sprachliche Mittel benutzt; darunter sind natürlich auch Pronomina zu subsumieren.

Ich will mich hier auf zwei Aspekte der Gegenstandsreferenz beschränken: Determinierung und Quantifizierung. Beide werden durch entsprechende Elemente in der NP ausgedrückt: durch Determinantien bzw. Quantoren. Ich vertrete die Auffassung, daß Quantoren (darunter *ein, einige, aller, jeder*) nicht zu den Determinantien gehören. Das zeigt sich unter anderem daran, daß sich Quantoren mit Determinantien verbinden können (vgl. VATER 1984b):

(4-48) Der eine Draht ist verbogen.
(4-49) Mein einer Bruder studiert Physik.
(4-50) a Alle die Vögel füttere ich jeden Tag.
         b Die Vögel füttere ich alle jeden Tag.
(4-51) Die vielen/wenigen Menschen gingen nach Hause.

Man kann davon ausgehen (vgl. VATER 1982b), daß der die Einermenge bezeichnende Quantor *ein* getilgt wird, wenn ein zählbares Nomen im Singular durch *der, dieser* oder ein Possessivum determiniert wird. Dadurch läßt sich die Vagheit singularischer determinierter

NPs in bezug auf quantitative Merkmale wie "Zählbarkeit" erklären: *Brot* ist die determinierte Form von *ein Brot* wie von *Brot*: Die Doppeldeutigkeit von Substantiven, die Zählbarkeit und Nichtzählbarkeit bezeichnen können, wird bei singularischen determinierten NPs nicht aufgehoben, da Determinantien nichts über quantitative Eigenschaften von N aussagen. Entsprechende Hinweise finden sich auch bei HEIDOLPH et al. 1981:

(4-52) Ich habe das Brot (für die Party) bestellt.

In der neueren Syntax-Theorie nimmt man an, daß D(eterminantien) eine funktionale Kategorie bilden, die als Kopf einer "DP" genannten Phrase fungieren. Diese Auffassung - der ich mich auch anschließe (vgl. ABNEY 1987, HAIDER 1988, OLSEN 1989, VATER 1991) - hat jedoch, soweit ich sehe, keinen Einfluß auf die referenzsemantische Beschreibung der NP bzw. DP.

Was ist nun Determination? Wie der Terminus andeutet, geht es um eine Abgrenzung des Referenten. Determinantien haben keine eigenen Referenten, ihre Referenzeigenschaften beziehen sich auf das N, das sie determinieren. Ich sehe Determinierung als gleichbedeutend mit "Definitmachen" an. Dieses wiederum läßt sich im Sinne von HAWKINS (1978) erklären als die Lokalisierung eines Referenten in einer Referenzmenge, die dem Produzenten und Rezipienten einer Äußerung gemeinsam verfügbar ist.

HAWKINS (1978) unterscheidet vier Haupttypen des Definitmachens:

- **Anaphorik**: Definitheit durch Identifizierung mit Vorerwähntem:

(4-53) Ein Mann kam herein. Der/dieser Mann / er sah müde aus.

Für die anaphorische Verwendung eignen sich neben Pronomina besonders definite NPs mit dem bestimmten Artikel oder demonstrativem Determinans. Aber auch Rekurrenz ist möglich, z.B. bei Eigennamen.

- **Assoziativ-anaphorische Verwendung**: Hier wird an eine vorerwähnte NP angeknüpft, zu der eine Beziehung (z.B. eine Teil-Ganzes-Beziehung) besteht:

    (4-54)   Es war ein hübsches Dorf. Die Kirche stand auf einer Anhöhe. (VATER 1979²:81)

    Bei assoziativem Gebrauch sind Demonstrativa ausgeschlossen.

- **Deiktische Verwendung**: Hier spricht HAWKINS (1978) von "immediate situation use" und zeigt, daß Sichtbarkeit des Referenten keine notwendige Bedingung für deiktische Referenz ist:

    (4-55)   Dies/jenes/das Buch (hier/ da/ dort) mußt du lesen!

    Beim deiktischen Gebrauch sind Demonstrativa ebenso möglich wie beim anaphorischen Gebrauch; sie können durch deiktische Adverbien ergänzt werden.

- **Abstrakt-situative Verwendung**: Dieser nicht ganz glückliche Terminus ist Hawkins' (ebenfalls nicht sehr glücklichem) "larger situation use" nachgebildet. Es handelt sich darum, daß ein Referent allein durch den Rückgriff auf Weltwissen lokalisiert wird; dieser Gebrauch ist besonders typisch für den bestimmten Artikel:

    (4-56)   Der Präsident hat eine Rede gehalten.

Vorausgesetzt wird nur, daß der Adressat weiß, daß das betreffende Land oder ein Sprecher und Hörer bekannter Verein einen Präsidenten hat. Der Diskurszusammenhang muß zur Vereindeutigung beitragen, sonst gibt es Mißverständnisse, so wenn ein Amerikaner (4-56) in Frankreich einem Landsmann gegenüber (zu Beginn eines Gesprächs) äußert. In diesem Fall könnte sowohl der amerikanische als auch der französische Präsident gemeint sein.

Scheitern der Referenz ist jedoch auch bei allen andern Gebrauchsweisen definiter NPs möglich, so wie bei folgendem (selbsterlebtem) Beispiel:

(4-57)   [Sprechstundenhilfe zum Patienten im Wartezimmer:]
Ihr Buch bitte.
[Patient reicht ihr erstaunt das Buch, in dem er gerade liest.]
(Gemeint war das in der DDR übliche Versicherungsbuch).

Determinantien sind Definitheitsmarkierer. Eine NP/DP kommt jedoch ohne solch einen Markierer aus, z.B. bei Eigennamen (die samt und sonders definit sind), bei Koordination und in Superlativen:

(4-58)   Hans kommt morgen.
(4-59)   Paul nahm Notizbuch und Bleistift zur Hand.
(4-60)   Mit größtem Vergnügen genoß er die Vorstellung.

Quantoren markieren nicht eine NP/DP als indefinit, sondern zeigen Quantifizierung des Kopf-N in der NP an und lassen neben indefiniter Interpretation auch definite zu (vgl. VATER 1984a-c):

(4-61)   Und noch desselben Tages empfing eine respektvoll erschütterte Welt die Nachricht von seinem Tode.
(Th.MANN, Tod in Venedig, Schlußsatz)

Hier wäre statt *eine ... Welt* auch *die ... Welt* möglich.

Aus den vorangehenden Erörterungen läßt sich schlußfolgern:
- Determinantien markieren eine NP als definit.
- Eine NP ohne Determinantien kann definit oder indefinit sein.
- Ersterwähnung eines Referenten setzt nicht Indefinitheit voraus.

Ob es sich bei generischer Verwendung von NP/DP um einen besonderen referentiellen Gebrauch handelt oder nicht, ist gesondert zu entscheiden (vgl. dazu JACKENDOFF 1983, HEYER 1987, KLEIBER 1990 und CHUR 1991[35]).

---

35 CHUR (1991) weist auf einleuchtende Weise nach, daß auch generische NPs - also "types" i.S.v. JACKENDOFF (1983) - referieren.

4.3 Referenzbeziehungen in Texten

Wie bereits in 4.0 festgestellt, geschieht Referieren normalerweise in Texten; andererseits spielen Referenzbeziehungen - als Teil der Kohärenzbeziehungen - eine wichtige Rolle bei der Textkonstitution (vgl. 2.2). Von Referenzbeziehungen nehme ich an, daß es sich dabei gleichzeitig um Beziehungen zwischen sprachlichen Ausdrücken im Text und zwischen diesen Ausdrücken und ihren außersprachlichen Referenten handelt (vgl. THRANE 1980:9f.). Das soll am Fall der Koreferenz näher erläutert werden.

4.3.1 Koreferenz

Koreferenz wird in Anlehnung an THRANE (1980:10) als Referenz mehrerer sprachlicher Ausdrücke in einem Text auf den gleichen Referenten außerhalb des Texts ("level zero" nach THRANE) definiert:

Abb.15 the dog chased its tail

    level one: the dog ___ its
    level zero: ▽
                         X

Es bestehen gleichzeitig "intra-level relations", nämlich Beziehungen innerhalb des Texts ("level one"), und "inter-level relations", Beziehungen zwischen Text und "Null-Ebene", also der "projizierten Welt" (vgl. 4.2.1).

"Koreferenz" wird als zusammenfassender Terminus für folgende Arten von Referenzbeziehungen aufgefaßt:
- totale Referenzidentität (z.B. zwischen *Hans* und *er*);
- partielle Referenzidentität (z.B. zwischen *Hans* und *sein Kopf*);
- überlappende Referenz (z.B. zwischen *die Jungen* und *die älteren Kinder* bei Bezugnahme auf eine Gesamtmenge *die Kinder*);

Mögliche andere Arten von Koreferenz werden hier nicht berücksichtigt.

Partielle Referenzidentität wird bei HAWKINS (1978:123) "associative anaphora" genannt und als solche dem reinen "anaphoric use" (1978:107) gegenübergestellt, wo eine vorerwähnte NP durch eine definite NP mit dem gleichen N (*Bill - Bill*) oder einem synonymen N (*trousers - the pants*) wiederaufgenommen wird; auch Wiederaufnahme einer VP wie *travelled to Munich* durch eine Nominalisierung wie *the journey* läßt sich als Koreferenz (sogar als "totale Referenzidentität") auffassen.

All diese Referenzbeziehungen lassen sich als "Koreferenz" zusammenzufassen, wenn man von der Voraussetzung ausgeht, daß Konzepte komplex und strukturiert sind, also auch Beziehungen zwischen dem Ganzen und seinen Teilen oder zu benachbarten Konzepten usw. umfassen (vgl. dazu SCHWARZ 1991).

Die Grenzziehung zwischen Koreferenz und anderen Referenzbeziehungen ist nicht leicht zu ziehen; so könnte die Produzent-Produkt-Beziehung zwischen *der Autor* und *das/sein Buch* als Teil-Ganzes-Beziehung und damit als (partielle) Koreferenz angesehen werden, ebensogut aber auch als Beziehung zwischen zwei verschiedenen Konzepten. Komplementäre Referenz (z.B. zwischen *die Jungen* und *die Mädchen* bei Bezugnahme auf eine Gesamtmenge *die Kinder*) wird z.B. bei HALLIDAY/HASAN (1976:285) nicht zur Koreferenz gerechnet.

Am Textbeispiel T37 werden Koreferenzbeziehungen dargestellt.

T37   *Jesus ist von Köln beurlaubt* (Ausschnitt)

Wenn sich am 20. Mai in Oberammergau der Vorhang zur Premiere der Passionsspiele hebt, ... reitet auf dem Maultier ein Wahl-Kölner ein: der Zahnmedizin-Student Rudi Zwink (25) ist einer der beiden Christus-Darsteller. Bis Ende September hängt er jeden zweiten Tag am Kreuz der größten Freilichtbühne Europas, wird zuvor gegeißelt und verspottet und läßt die anderen in der Leidensgeschichte beschriebenen Torturen über sich ergehen. Zur Zeit muß der bärtige Bayer in seinem Heimatort, den er während der ganzen Spielzeit nicht verlassen darf, jeden Tag zur Probe. Sogar beim Joggen kontrolliert er seine Texte.

Ab und zu kommt es vor, wenn Rudi Zwink mit der Straßenbahn von seiner Bude in Höhenberg zur Kölner Uni fährt, daß Damen, die die fünfzig schon eine Weile überschritten haben, ihn beim Aussteigen verlegen fragen: "Entschuldigen Sie, sind Sie vielleicht Jesus?" Und gegenüber seinen Kommilitonen konnte ... Zwink sein ausgefallenes Hobby auch nicht verheimlichen.
Für das schon begonnene Sommersemester hat er sich vom Rektor der Universität beurlauben lassen - zum zweitenmal, denn 1980 ... wirkte er bei dem "Bilddrama vom Leben Gottes unter den Menschen" schon einmal als Jesus mit.

Seit damals sind die 18 Hauptrollen doppelt besetzt, damit erst gar keine Staralüren aufkommen, wie es heißt. Der zweite Jesus, vorschriftsmäßig ebenfalls waschechter Oberammergauer, ist knapp 40 und gelernter Drogist. "Gott sei Dank", sagt Rudi Zwink, "wissen die Leute, die eine Aufführung buchen, vorher nicht, wer von uns gerade dran ist."

Das Hobby-Schauspielern liegt bei den Zwinks in der Familie: Vater Ernst, von 1966 bis zu seinem Tode 1981 parteiloser Bürgermeister des Ortes ... mimte früher den Apostel Thaddäus.

Der junge Mann, der einen "unsentimentalen Jesus" verkörpern möchte, ... redet ganz unbefangen vom Geld. 22000 Mark sind nach vier Monaten Spielzeit auf seinem Konto.

(H. BISKUP, in: *Kölner Stadtanzeiger*, 17.4.1984:17)

Abbildung 16 zeigt die Koreferenzstruktur im Personal- und Lokalbereich in Form einer Netzwerk-Darstellung (vgl. 2.2), beschränkt auf die Hauptpersonen und -orte. Nicht berücksichtigt wurden der Übersichtlichkeit wegen Referenzbeziehungen zwischen Nebenpersonen und -orten, zwischen unpersönlichen Gegenständen sowie alle Relationen im Bereich der Ereignis- und Zeitreferenz und alle Relationen zwischen den einzelnen Referenzbereichen (z.B. zwischen Personen und Ereignissen).

Abb.16 Koreferenzbeziehungen in T37

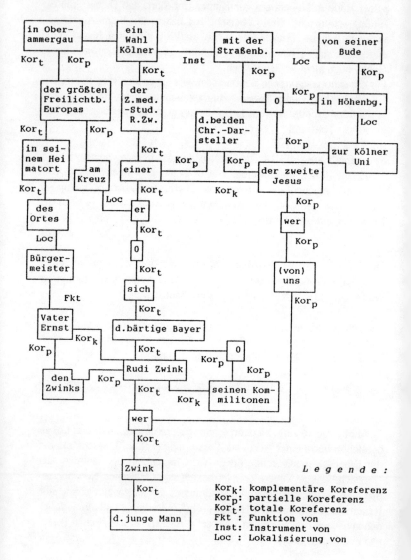

Der hier dargestellte Ausschnitt kann deutlich machen, was für eine wichtige Rolle Koreferenzbeziehungen in Texten spielen: Sie sind ein zentraler Bestandteil der Text-Kohärenz. Den Hauptstrang im Netzwerk bilden die verschiedenen Nennungen des Protagonisten. Die Vielfalt der Bezeichnungen hängt von mehreren Faktoren ab:
- vom Bedürfnis nach Variation: *der Zahnmedizin-Student Rudi Zwink - ein Wahlkölner - er - der bärtige Bayer*;
- von der Nähe zur letzten "vollen Bezeichnung": Pronomina wie *er* sind direkt nach der Namensnennung (*Rudi Zwink*) eindeutiger als nach mehreren *er* oder nach doppeldeutigen oder vagen Bezeichnungen;
- von den Beziehungen zu anderen Personen oder Gegenständen, Orten, Ereignissen im Text: *einer* ist nur begründbar durch den Bezug auf die Gesamtheit der Christus-Darsteller; *Vater Ernst* als Bezeichnung für Herrn Zwink senior ist ist nur motiviert durch den Bezug auf seinen Sohn.

Kompliziert sind Fälle wie *wer von uns*. Die Variable *wer* muß letztendlich ersetzt werden durch *Rudi Zwink* oder *der andere Christus-Darsteller* (dessen Namen wir nicht erfahren). Im Textzusammenhang ist jedoch eine Auflösung für den Leser (wahrscheinlich auch für den Schreiber) nicht möglich.

Problematisch ist grundsätzlich die Behandlung der Prädikats-NPs. Würde man alle Prädikats-NPs berücksichtigen, müßte man im Satz "Sind Sie vielleicht Jesus?" Koreferenz zwischen *Sie* (= *Rudi Zwink*) und *Jesus* annehmen. Davon kann natürlich keine Rede sein: Rudi Zwink spielt Jesus, ist aber nicht Jesus. Man kann Prädikats-NPs wohl nur in Identifizierungs-, nicht in Funktionsbeziehung zur Subjekts-NP in die Koreferenz-Relationen einbeziehen. Allerdings haben auch Subjekts-NPs oft prädikativen Charakter, so z. B. *der zweite Jesus* (gemeint ist der zweite Darsteller des Jesus). Das gilt dann aber auch für *der Zahnmedizin-Student*, das genau so als "prädikative Subjekts-NP" anzusehen ist, im Gegensatz etwa zu reinen Namensnennungen. Es scheint jedoch sinnvoll zu sein, alle Subjekte in die Koreferenzrelationen einzubeziehen, da sie, auch wenn sie prädikativen Charakter haben (z.B. bei Funktionsbezeichnungen), zur Gegenstandsreferenz benutzt werden.

Die Koreferenzbeziehungen - das zeigt Abb. 16 deutlich - bilden so etwas wie einen "roten Faden". Da sie aber nur einen Teil aller Referenzrelationen darstellen (vgl. 4.3.2), handelt es sich insgesamt eher um ein "rotes Netz", das das Textganze zusammenhält.

4.3.2 Andere Referenzbeziehungen

An T37 - wie auch an anderen Texten - läßt sich zeigen, daß Koreferenz-Relationen nur einen Teil der für Texte relevanten Referenz-Beziehungen ausmachen. Erwähnt wurden bereits Produzent-Produkt-Beziehungen, die den Koreferenz-Beziehungen verwandt sind. Eine solche Beziehung besteht z. B. zwischen *Zwink* und *sein Hobby* im letzten Satz des zweiten Absatzes.

Besonders wichtig sind die Prädikat-Argument-Beziehungen zwischen Ereignissen und den daran beteiligten "Gegenständen" im weiteren Sinne. Solche Relationen wurden bereits dargestellt in Abb.2, wo z.B. die Relationen zwischen dem durch das Verb *einrühren* bezeichneten Ereignis in T16 und seinem (nicht ausgedrückten) Agens und seinem Patiens *Inhalt (der Packung)* spezifiziert wurden. Das Ereignis kann hier als "Handlung" klassifiziert werden, was notwendig die Beteiligung eines Agens einschließt. Ähnlich ist es bei den durch *kochen, umrühren* und *aufwärmen* ausgedrückten Ereignissen. Dagegen bezeichnet *aufwallen* keine Handlung, sondern einen Vorgang, erfordert demzufolge auch kein Agens, wohl aber ein "Thema",[36] das hier grammatisch als Subjekts-NP erscheint.

Eine wesentliche Rolle im Text spielen auch Temporalreferenz-Relationen: Zwischen den einzelnen Temporal-Angaben - d.h. in temporalen Beziehungen zwischen einem Ereignis und einem Referenzpunkt (vgl. 4.2.2) - kann Koreferenz bestehen; dann spricht man von Gleichzeitigkeit, die ihrerseits wiederum total, partiell oder überlappend sein kann. So besteht offenbar totale Gleichzeitigkeit zwischen der Zeitreferenz, die in T37 durch den einleitenden *wenn*-Satz ausgedrückt wird, und dem durch *reitet* im Hauptsatz ausgedrückten Zeitintervall. Dagegen besteht nur partielle temporale Koreferenz zwi-

---

36 Mit "Thema" (vgl. z.B. GREWENDORF 1988:138) wird in der neueren Generativen Transformationsgrammatik (der "Government-Binding-Theorie") eine relativ neutrale Theta-Rolle (d.h. Funktion einer NP in Bezug auf ein Verb, vgl. FANSELOW/FELIX 1987 II:78) bezeichnet.

schen dem Ereignis *hängt jeden zweiten Tag am Kreuz* und dem genannten Zeitraum vom 20. Mai bis Ende September.

Charakteristischer für temporale Referenzbeziehungen ist jedoch die zeitliche Aufeinanderfolge, die "Nachzeitigkeit" bzw. "Vorzeitigkeit" eines Ereignisses gegenüber einem anderen. Das führt KLEIN/VON STUTTERHEIM (1987) dazu, zeitliche Aufeinanderfolge als einzige Art der temporalen "referentiellen Bewegung" im Text anzunehmen . In T37 besteht z.B. zeitliche Aufeinanderfolge zwischen den Ereignissen *wird zuvor gegeißelt und verspottet* und *hängt ... am Kreuz*.

In Abb. 17 sind die Temporalreferenzen und die Relationen zwischen ihnen im ersten Absatz von T37 in Form eines Netzwerks dargestellt. Die Relationen zu den relevanten Gegenstands- und Ortskonzepten wurden berücksichtigt. Im Unterschied zu REICHENBACH (1947) werden hier statt Zeitpunkten Zeitintervalle angenommen; dadurch werden die reichlich vorhandenen Inklusionsbeziehungen darstellbar.

Folgende Relationen zwischen den Intervallen werden angenommen:

- $E_n < E_m$: E_n liegt vor E_m;
- $E_n > E_m$: E_n liegt nach E_m;
- $E_n \, c \, E_m$: E_n wird von E_m echt eingeschlossen;
- $E_n \, \underline{c} \, E_m$: E_n wird von E_m (echt oder unecht) eingeschlossen.

"Gleichzeitigkeit" (d.h. totale Koreferenz zwischen den Zeitbezügen von Ereignissen) wird durch "=" ausgedrückt. Zeitliche Überlappung (durch "∩" ausgedrückt) kommt im analysierten Textausschnitt nicht vor. Ein Zeitabschnitt zwischen zwei zeitlichen Begrenzungsintervallen wird durch R_n-R_m gekennzeichnet.

Abb.17 Zeitreferenz-Relationen in T37 (1. Absatz)

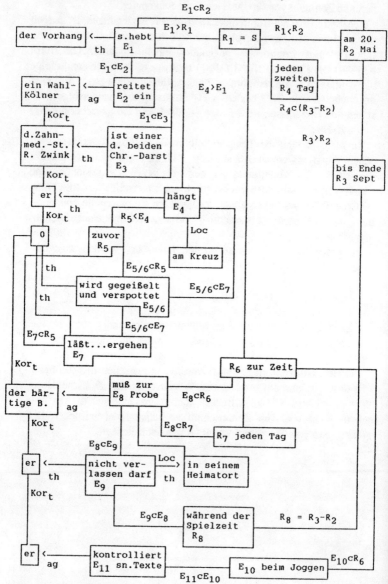

Zwei Arten von Temporalreferenz lassen sich unterscheiden:
- **Zeitbezüge von Ereignissen** - primär durch Tempora ausgedrückt - betreffen die Relation zwischen der Ereigniszeit E_n und einer anderen Ereigniszeit E_m oder einem Referenzintervall R;
- Temporalangaben wie *am 20. Mai* lassen sich primär als **Referenzzeit-Intervalle** interpretieren und in ihren Relationen zueinander und zu den einzelnen Ereigniszeiten bestimmen.

Die Sprechzeit S ist das primäre Referenzzeit-Intervall. So kann *am 20. Mai* nur als zukünftig gedeutet werden, weil die Sprechzeit (bzw. "Schreibzeit")[37] davor liegt (vgl. die Datierung des Artikels).

Das Diagramm zeigt eine interessante Gliederung in der Zeitstruktur des einführenden Absatzes:
- Die ersten Ereignisse (das Sich-Heben des Vorhangs, der Einzug Jesu usw.) sind alle sowohl auf das Zukunfts-Intervall *am 20.Mai (1984)* als auch aufeinander bezogen.
- Die Ereignisse des zweiten Teils sind gegenwartsüberlappend (Gegenwärtiges und Zukünftiges einschließend) und als solche primär auf S, aber nur schwach aufeinander bezogen; direkter Bezug findet sich nur zwischen E_{11} und E_{12}.

Das spiegelt die Tatsache wider, daß der zweite Teil des ersten Absatzes den Hintergrund für das beschriebene Geschehen liefert, während sich der erste Teil mit den zentralen Ereignissen befaßt. Zusammengeklammert werden die beiden Teile vor allem durch die Angabe *während der ganzen Spielzeit*. Diese - in einem Nebensatz ganz am Ende versteckte - Angabe ist koreferent mit dem Zeitabschnitt zwischen dem Tag der Festspieleröffnung (20. Mai) und dem Schluß der Festspiele (Ende September) - zwei Angaben, die am Textanfang explizit geliefert werden.

Als temporal koreferent kann man auch E_1cE_2 ansehen und natürlich E_5cE_6; im letzteren Fall wurden die beiden Ereignisse der größeren Übersichtlichkeit halber gleich zu einem komplexen Ereignis

---

[37] Möglicherweise muß bei Zeitungsartikeln, Briefen etc. die Rezeptionszeit - die Zeit, in der der Leser den Text liest - als primäres R-Intervall angenommen werden. In diesem Fall ist davon auszugehen, daß dieses primäre Bezugsintervall vor dem genannten Datum der Festspiel-Eröffnung (20.5.1984), aber nach Erscheinen der Zeitungsnummer (17.4.1984), liegt, da der Leser gewöhnlich einen Zeitungsartikel in den ersten Tagen nach Erscheinen der betreffenden Zeitungsausgabe liest.

zusammengefaßt, was auch durch die Koordinationsbezeichung zwischen ihnen gerechtfertigt wird.

In Anlehnung an BEAUGRANDE/DRESSLER (1981:105ff.) werden die Relationen zwischen Ereignissen und ihren "Mitspielern" (d.h. Gegenständen und Orten) als gerichtet angesehen und daher mit einem Pfeil versehen. Koreferenzbeziehungen sind nicht gerichtet, ebenso wie Beziehungen der zeitlichen Aufeinanderfolge, wenn man berücksichtigt, daß solche Relationen immer umkehrbar sind: Wenn a vor b stattfindet, dann b nach a; daher kann gleiche Aufeinanderfolge zwischen zwei Ereignissen immer auf zwei konverse Arten versprachlicht werden.[38]

Lokalisierungs-Relationen sind ebenfalls aus Texten nicht wegzudenken. Einzelne Ereignisse oder Ereignisketten werden in jedem Fall lokalisiert, wenn nicht explizit, dann implizit. Im Gegensatz zur Temporalreferenz (zum mindesten in finiten Sätzen) wird Lokalreferenz nicht obligatorisch angezeigt. In T37 wimmelt es allerdings von Lokalangaben; das ist notwendig wegen der wechselnden Standorte - Oberammergau und Köln - und der genauen Beschreibung der Oberammergauer Festspiele. Einige der Lokalisierungs-Relationen wurden in Abb. 16 und 17 gezeigt: die Relationen zwischen der Funktion "Bürgermeister" und dem Ort Oberammergau, die Relation zwischen dem Ereignis des Hängens und dem Ort *am Kreuz*, zwischen dem Ereignis des Straßenbahnfahrens und seinem Ausgangs- und Endpunkt (*von seiner Bude in Höhenberg, zur Kölner Uni*). Zwischen den einzelnen Ortsreferenzen kann - wie bei Personal-, Temporal- und Ereignisreferenz - Koreferenz bestehen. Totale Koreferenz findet sich z.B. zwischen den Angaben *in Oberammergau* und *in seinem Heimatort*, partielle zwischen *von seiner Bude* und *in Höhenberg*.

Es ist schwer zu entscheiden, ob kausale, konditionale und andere durch konjunktionale Nebensätze oder bestimmte PP-Typen ausgedrückte Relationen zu den Referenz-Relationen zu rechnen sind oder

---

[38] Natürlich bestehen Unterschiede in der Thema-Rhema-Struktur: Die Sätze *Paul ging weg nach dem Frühstück* und *Paul frühstückte vor dem Weggehen* bezeichnen zwar die gleichen Ereignisse im gleichen zeitlichen Verhältnis, doch ist ihre Thema-Rhema-Struktur - abhängig vom Textzusammenhang - verschieden.

nicht. Bis jetzt hat man sie im allgemeinen nicht dazu gezählt, aber die Grenze zwischen Referenzbeziehungen und anderen Beziehungen sind schwer zu ziehen.

Schließlich ist darauf hinzuweisen, daß Referenz-Relationen unausgedrückt bleiben können.[39] Das gilt z.B. für alle in den Abbildungen mit 0 markierten Fälle von Personalreferenz. Auch Temporalbeziehungen zwischen Ereignissen müssen nicht explizit angegeben werden; oft muß der Rezipient der Äußerung Inferenzen ziehen. WUNDERLICH (1970:104) bringt folgende Beispiele:

(4-62) a Der Fäller schlug mit der Axt zu. Der Baum fiel zu Boden.
        b Der Baum fiel zu Boden. Der Fäller schlug mit der Axt zu.

Hier wird durch die bloße Satzfolge nicht nur jedes Mal eine andere Ereignisfolge suggeriert, sondern die Ereignisse selbst werden in a und b verschieden interpretiert: In a muß der Rezipient davon ausgehen, daß der stehende Baum umgehauen wurde (und dadurch umfiel), in b, daß der bereits liegende Baum zerhackt wurde.

Auf die große Rolle der Inferenzziehung bei der Interpretation des Zusammenhangs zwischen Ereignissen macht auch REIS (1980:2) aufmerksam, wie die Beispiele in (2-16) demonstrieren, die hier als (4-63) wiederholt werden.

---

39 Das betrifft den von Textlinguisten bereits ziemlich intensiv untersuchten Bereich der "Inferenz" (vgl. RICKHEIT/STROHNER (eds.) 1985 und STROHNER 1990, insbes. S. 36) bzw. der "nichttextualisierten Verstehensvoraussetzungen"; vgl. SCHERNER 1979 und 1984 (insbesondere S.186ff.). Nach SCHERNER (1984:60, 168ff.) spielt bei diesen Verstehensvoraussetzungen der relevante Rahmen, den er "Horizont" nennt - und der ungefähr der "Textwelt" bei BEAUGRANDE/DRESSLER (1981:5) und bei STROHNER (1990:72) entspricht -, eine entscheidende Rolle.

(4-63) a Kahn kritisierte seinen Chef. Er wurde entlassen.
 b Kahn kritisierte seinen Chef. Daher wurde er entlassen.
 c Kahn kritisierte seinen Chef. Danach wurde er entlassen.

Explizit wird eine Kausal-Relation nur in b, eine Temporal-Relation nur in c bezeichnet. Aber das hindert den Hörer nicht, auch in a eine Temporal- und/oder Kausal-Relation anzunehmen.

4.3.3 Referentielle Bewegung in Texten

In 4.3.1 und 4.3.2 wurden textuelle Referenzbeziehungen in Form von Kohärenz-Netzwerken à la BEAUGRANDE/DRESSLER 1981 dargestellt. Eine alternative Darstellungsform, die m.E. die Entwicklung der Referenzbeziehungen im Text noch besser in den Griff bekommt, ist die "referentielle Bewegung" ("referential movement"), die KLEIN/VON STUTTERHEIM (1987 und 1991) vorschlagen.

Anhand der Quaestio (vgl. 3.4.3) unterscheiden KLEIN/VON STUTTERHEIM (1987:166) zwischen Haupt- und Nebenstruktur von Texten und analysieren in beiden die sogenannte "referentielle Bewegung":

> "Jede einzelne Äußerung enthält ein Gefüge von Angaben zu Ort, Raum, Handlung, Personen usw. - zu verschiedenen semantischen Bereichen oder, wie wir hier sagen, Referenzbereichen. Die folgende Äußerung behält einen Teil dieser Informationen bei und führt andere neu ein. Diese Entfaltung der Information von Äußerung zu Äußerung bezeichnen wir als **referentielle Bewegung**."

Die referentielle Information wird schrittweise entfaltet.[40] Die referentielle Bewegung macht einen wesentlichen Bestandteil der Antwort aus, die der Textproduzent im Verlauf des Textaufbaus auf die Quaestio gibt, die Frage, die der Text beantwortet; KLEIN/VON STUTTER-

---

40 KLEIN/VON STUTTERHEIM (1991:17) vermerken: "The point of a text is the fact that the entire amount of information to be expressed is distributed ...".

HEIM (1987:171) unterscheiden fünf Haupt-Referenzbereiche, zu denen später (1991:24) noch R_c, "reference to circumstances", als sechster hinzukommt:[41]
- Angaben zu zeitlichen Eigenschaften (R_t),
- Angaben zu räumlichen Eigenschaften (R_l),
- Angaben zu an der Handlung beteiligten Personen (R_p),
- Angaben zu Ereignissen (R_e),[42]
- Angaben zu modalen Eigenschaften (R_m).

Eine Äußerung referiert nach KLEIN/VON STUTTERHEIM (1991:23) auf ausgewählte Merkmale dieser Bereiche und integriert sie zu einer Proposition. Dabei müssen nicht alle Domänen repräsentiert sein; Merkmale einer Domäne können mehrmals auftreten.

Die Autoren unterscheiden einen "inneren Kern", der sich aus einem Element in R_e und einem in R_p zusammensetzt, und der Situierung in Raum und Zeit, was den "äußeren Kern" ergibt, der dann nach seiner Modalität eingeordnet wird (1987:172 bzw. 1991:24):

---

[41] Ich beziehe mich hier auf die ältere Fassung (1987), weil in der neueren offenbar ein Fehler vorkommt: R_e für Ortsreferenz.

[42] KLEIN/VON STUTTERHEIM (1987:171) tun sich schwer in der Wahl eines zusammenfassenden Terminus für Vorgänge, Zustände, Ereignisse, Handlungen; sie wählen schließlich den Ausdruck "grammatisches Prädikat", den ich für unglücklich halte, weil er auf einer anderen Ebene - der syntaktischen - angesiedelt ist. Statt dessen gebrauche ich - im Anschluß an REICHENBACH (1947) und die Literatur zur Temporalsemantik - "Ereignis" als zusammenfassenden Terminus, den ich hier (vgl. auch VATER 1986) so weit fasse, daß auch Zustände subsumiert werden. Als Abkürzung für Ereignis benutze ich "E", für Ereignisreferenz "R_e". EHRICH (1991) benutzt "Situation" als zusammenfassenden Terminus. KLEIN/VON STUTTERHEIM (1991:23) gebrauchen in ihrem (englisch verfaßten) Text den Terminus "predicate", aber auch - offenbar synonym damit - den dt. Terminus "Sachverhalt" (ebd., S.19).

Abb.18 Grundstruktur einer Proposition

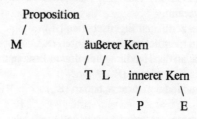

Referentielle Bewegung geschieht von einer Proposition zur nächsten, wobei jede Proposition ein Gewebe aus Merkmalen der einzelnen referentiellen Domänen darstellt. Dies Gewebe resultiert aus Interaktion zwischen sprachlicher Bedeutung und Kontext. Die referentielle Bewegung kann auf verschiedene Arten erfolgen (vgl. KLEIN/VON STUTTERHEIM 1991:25):

Abb.19

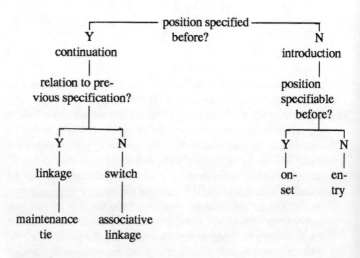

Wurde eine spezielle referentielle Domäne bereits vorher spezifiziert, handelt es sich um Fortführung ("continuation"), andernfalls um Einführung ("introduction"). **Fortführung** involviert nicht notwendig neue Referenten. Sie kann in **Verknüpfung** ("linkage") oder **Wechsel** ("switch") bestehen. Im ersteren Fall ist die Spezifizierung auf den Inhalt der vorangehenden Spezifizierung bezogen, im letzteren nicht.

Es gibt drei Verknüpfungsarten: **Beibehaltung** ("maintenance"), z.B. durch Wiederholung oder Paraphrasierung bezeichnet (*Strauß - Strauß* oder *Strauß - der Wiener Walzerkönig*); **anaphorische Verknüpfung** (z.B. durch *dann* oder *danach*); schließlich eine **vage Verknüpfung**, wozu die Autoren auch das rechnen, was HAWKINS (1978) als "assoziative Anaphora" ansieht, also z.B. eine Teil-Ganzes-Beziehung wie die zwischen *der Berg* und *der Gipfel*.

Wechsel ist gewissermaßen der Einführung vergleichbar, nur daß die betreffende Position bereits vorher spezifiziert wurde. Oft ist ein Wechsel kontrastiv: *Mary slept. Peter cleaned the dishes.* Dagegen handelt es sich bei der Sequenz *It is strange. Peter cleaned the dishes* um eine Einführung.

Bei der **Einführung** wird danach unterschieden, ob eine Spezifizierung in der vorangehenden Äußerung nicht möglich war, weil der Sachverhalt es nicht erlaubt - in diesem Fall handelt es sich um einen **Eingang** ("entry") -, oder ob der Sprecher aus irgendwelchen anderen Gründen keine Spezifizierung vorgenommen hat; dann handelt es sich um einen **Anfang** ("onset").

Die Quaestio (vgl. 3.4.3) schränkt die Möglichkeiten der referentiellen Bewegung ein. So muß nach KLEIN/VON STUTTERHEIM (1987:174) eine Zeitangabe T_j auf ein Zeitintervall referieren, das nach dem des vorangehenden Zeitausdrucks T_i liegt, die Belegung von P_i muß in P_j beibehalten werden, E_j muß gegenüber E_i neu belegt werden. Für Nebenstrukturen gelten diese Beschränkungen nicht. Auch die - m.E. in dieser Allgemeinheit nicht zutreffende - Festlegung, nach der generische, futurische und präsentische Belegung von T in Erzählungen ausgeschlossen ist, gilt nicht für Nebenstrukturen.

Im folgenden will ich die referentielle Bewegung anhand eines kurzen Zeitungstexts erläutern. Der Übersichtlichkeit halber beschränke ich mich auf die vier ersten Bereiche, lasse also Angaben zu modalen Eigenschaften - die ohnehin in den betreffenden Zeitungsartikeln spärlich sind - außer Betracht.

T38   Vier Festnahmen bei RAF-Fahndung in Hamburg

Karlsruhe (dpa, ap) - Im Rahmen der Terroristenfahndung sind vier mutmaßliche RAF-Sympathisanten in Hamburg festgenommen worden. Zunächst war von drei Festnahmen die Rede gewesen. Gegen einen Mann wurde Haftbefehl erlassen; die anderen drei wurden am Freitag auf freien Fuß gesetzt. Nach Angaben des Sprechers der Bundesanwaltschaft, H.J.Förster, erfolgten die Festnahmen bei der Duchsuchung einer Wohnung in Hamburg-Billstedt. Anlaß sei die Fahndung nach einem Paar gewesen, das nach der Festnahme der mutmaßlichen Terroristen Ute Hladki und Frank Deilke die gemeinschaftlich bewohnte Bauernkate bei Bad Oldesloe fluchtartig verlassen hatte. Nach Ansicht des Leiters des Verfassungsschutzes in Kiel, Wulf Jöhnk, läßt die Auswertung der Spuren aus den Terroristenwohnungen in Schleswig-Holstein den Schluß zu, daß "eindeutig Aktionen in Norddeutschland geplant waren".

(*Kölner Stadtanzeiger*, 16./17.12.89:5)

Abb.20   Referentielle Bewegung in T36

(1) **Im Rahmen der Terroristenfahndung** sind   **VIER MUTMASSLICHE RAF-SYMPATHISANTEN** *in Hamburg* **festgenommen worden.**
(2) Zunächst war von drei Festnahmen die Rede gewesen.
(3) **Gegen EINEN MANN wurde Haftbefehl erlassen;**
(4) **DIE ANDEREN DREI wurden am Freitag auf freien Fuß gesetzt.**
(5) Nach Angaben DES SPRECHERS DER BUNDESANWALTSCHAFT, H.J.FÖRSTER, erfolgten die Festnahmen bei der Durchsuchung *einer Wohnung in Hamburg Billstedt*.
(6) Anlaß sei die Fahndung nach EINEM PAAR gewesen, das nach der Festnahme *DER MUTMAßLICHEN TERRORISTEN U.H. UND F.D.* die gemeinschaftl. bewohnte Bauernkate *bei Bad Oldesloe* fluchtartig verlassen hatte.

(7) Nach Ansicht DES LEITERS DES VERFASSUNGSSCHUTZES in *Kiel*, W.J., läßt die Auswertung der Spuren *aus den T.wohnungen in Schlesw.-Holstein* den Schluß zu, daß "eindeutig Aktionen *in Norddeutschland* geplant waren".

Legende:

Fettdruck	= Hauptstruktur	
Unterstreichung	= Ereignis	(E_n)
Kursivdruck	= Ortsangabe	(L_n)
Kapitälchen	= Personalref.	(P_n)
Doppelunterstreichung	= Zeitref.	(T_n)

Es zeigt sich, daß die einzelnen Konstituenten eines Satzes - entgegen der Annahme von JACKENDOFF (1983) - oft mehrere Referenzfunktionen gleichzeitig erfüllen.[43] So schließt die Ereignisreferenz bei allen Prädikaten mit finitem Verb gleichzeitig Zeitrefrerenz mit ein, da im Deutschen das Tempus am finiten Verb angezeigt ist. Wo allerdings Ereignisreferenz durch eine Nominalisierung bezeichnet wird (z.B.: *drei Festnahmen*), ist dies nicht der Fall; hier kann Zeitreferenz nur durch ein Temporaladverb angegeben werden: In *bei der Untersuchung* wird Gleichzeitigkeit, in *nach der Festnahme* Nachzeitigkeit ausgedrückt. Hier wurde nur die durch PPs bezeichnete Temporalreferenz, nicht die durch Tempora bezeichnete markiert.

Auch Lokalangaben können in die Ereignisbezeichnung eingeschlossen sein (vgl. *in Norddeutschland* am Schluß des Textes). Ebenso können natürlich Personenangaben in Ereignisangaben enthalten sein, so z.B. die Personenangabe im ersten Satz; das wurde hier in den meisten Fällen nicht markiert, um die Übersichtlichkeit zu wahren.

Die Quaestio ist - wie KLEIN/VON STUTTERHEIM (1987:174f.) am Beispiel der Ermordung Caesars erläutern - keineswegs einfach zu bestimmen. Das gilt auch für T38. Man könnte sie sowohl als "Was geschah in Hamburg?" als auch als "Was geschah am vorangehenden Tag?" oder einfach als "Was geschah?" formulieren. Die Einbeziehung des Orts in die Quaestio erscheint mir bei einem Zeitungsartikel nicht als angebracht - außer beim Lokalteil, was hier nicht der Fall ist.

---

43 Zu diesem Ergebnis kommt auch eine gerade abgeschlossene Magisterarbeit (GEHRING 1992).

Ich nehme an, daß die einleitenden Worte *im Rahmen der Terroristenfahndung* zur Quaestio gehören, da sie den Rahmen für den Bericht abstecken. Demzufolge ließe sich die Quaestio formulieren als "Was geschah im Rahmen der Terroristenfahndung?" Eine direkte Antwort auf diese Frage liefern nur die Sätze (1), (3) und (4); die anderen gehören demzufolge zur Nebenstruktur.

Der Nebenstruktur-Status von (2), (6) und (7) ist vor allem an der Zeitreferenz ablesbar: Die geschilderten Ereignisse gehen zeitlich dem Hauptereignis voraus (in (6) und beim zweiten Prädikat in (7)) oder sind mit ihm gleichzeitig (beim ersten Prädikat in (7)). Der in (2) beschriebene Sachverhalt geht - obwohl im Plusquamperfekt formuliert - dem Hauptereignis nicht voraus, sondern ist zwischen dem Hauptereignis (der Festnahme) und dem Sprechzeitpunkt zu lokalisieren. Da es sich um einen Kommentar handelt, ist dieser Sachverhalt nicht in die Zeitkette der drei Ereignisse in der Hauptstruktur einzubeziehen. Die zeitliche Einordnung von (5) - ebenfalls ein Kommentar - ist nicht ganz eindeutig zu vollziehen, doch liegt sie auf jeden Fall zwischen dem ersten Ereignis der Hauptstruktur und dem Sprechzeitpunkt; möglicherweise besteht auch Gleichzeitigkeit mit diesem Ereignis.

In Satz (1) gehören dann alle Informationen außer der den Rahmen absteckenden im Anfangs-Adverbial zum Rhema.

Die referentielle Bewegung geht so vor sich, daß in den Sätzen der Hauptstruktur jeweils neue Ereignisse geschildert werden, die zusammen die Beantwortung der Quaestio ergeben. Sie bilden zusammen mit der Ortsangabe in (1) und der Zeitangabe in (4) das Rhema.

Wie ist es nun mit den Personenangaben? Die Personenangabe in (1) ist voll rhematisch. In (3) und (4) werden keine neuen Personen eingeführt; man könnte zunächst also von thematischen Personenangaben in diesen beiden Sätzen sprechen. Das ist jedoch nur bedingt der Fall. Da die Gruppe von vier Personen, über deren Festnahme in (1) berichtet wird, nun in zwei Untergruppen aufgespalten wird, auf die sich dann die einzelnen Ereignisse in (3) und (4) beziehen, kommt neue Information auch in diesem Bereich hinzu.

Ich würde die Angaben *einen Mann* und *die anderen drei* als teilthematisch ansehen (eine Möglichkeit, die auch SGALL/ HAJICOVA/BENESOVA 1973 vorsehen): Sie sind thematisch, da sie insgesamt als Gruppe von vier Personen vorerwähnt wurden, jedoch rhematisch, da sie in dieser "Stückelung" im Text noch nicht erschienen sind, vor allem aber, weil die Prädikate sich nicht auf die

Vierergruppe als Ganzes beziehen, sondern auf zwei Teilgruppen in bestimmter Stückelung.

Die zusätzlichen Informationen in den Nebenstrukturen sind größtenteils rhematisch, da sie neue Ereignisse, Personen, Orte einführen, die den Hintergrund des zentralen Ereignisses beleuchten. Thematisch ist der Anknüpfungspunkt in (2), nämlich *Festnahmen*, nicht unbedingt jedoch die Spezifizierung <u>drei</u>, obwohl auch hier ein schwieriger Fall vorliegt, da es sich höchstwahrscheinlich um drei von den vier in Hamburg Festgenommenen handelt.

KLEIN/VON STUTTERHEIM (1991:20) heben die für die Textanalyse wichtige Tatsache hervor, daß die explizite Referenz auf Merkmale des geschilderten Sachverhalts im Ermessen des Textproduzenten liegt:

> "The choice depends on (a) what he thinks to be important that the listener knows, (b) what he assumes not to be accessible to the listener from other sources of knowledge (context information), and (c) on the structural constraints of the language in question (English normally requires reference to a subject and to the event time, although these may be irrelevant or redundant)."

Der Rezipient eines Textes muß die fehlenden Bestimmungsstücke, so weit möglich und notwendig, durch Inferenz erschließen. Bei der Analyse des Textausschnitts T37 und der Beispiele (4-62) und (4-63) wurde bereits auf mögliche und nicht-mögliche Inferenzziehungen im Rahmen des jeweiligen Kontexts hingewiesen. *KLEIN/VON STUTTERHEIM* (1991:20) unterscheiden zwei Typen kontextueller Information, die die Interpretation des Rezipienten einer Äußerung vervollständigen:

> "First, there is contextual information which is directly linked to context-dependent verbal elements in the utterance, such as deixis, anaphora, ellipsis. The interpretation of an utterance such as *Me, too* is based on knowledge of the meaning of deictic words and the rules of ellipsis in English, on the one hand, and on access to the neccessary contextual information, on the other ... In addition, the listener may infer, with various degrees of certainty, other features of the Sachverhalt, such as the type of vehicle or the appropriate speed; this refer-

ence is not directly linked to structural means but related to the proposition in a less explicit way."

Im ersten Fall sprechen die Autoren von **strukturbasierter** oder regulärer **Kontextabhängigkeit** ("structure-based or regular context-dependency"), im zweiten von **Inferenz**.

In T38 werden einige wichtige Diskurs-Referenten nicht (oder nicht genau) spezifiziert:
- die Agenten des Hauptereignisses *Festnahme*, wahrscheinlich (Bereitschafts-)Polizisten,
- die Gründe für das Erlassen eines Haftbefehls und für die Freilassungen,
- die genauere Spezifizierung (Straße, Hausnummer) der Wohnung in Hamburg-Billstedt,
- das Geschlecht der drei später Freigelassenen,
- die Identität des Paars, das die erwähnte Bauernkate verlassen hatte,
- die Namen der festgenommenen mutmaßlichen RAF-Sympathisanten,
- Alter, Gesundheitszustand, Haarfarbe usw. der Festgenommenen,
- der Charakter der geplanten Aktionen.

Nicht alle diese Referenzmerkmale sind für die Textrezeption gleich wichtig: Alter und Haarfarbe der Festgenommenen sind sicher für das Gros der Rezipienten total uninteressant. Die Identität der Agenten (der "Verhafter"), ja ihre Zugehörigkeit zu einer staatlichen Institution ist irrelevant, kann außerdem aufgrund von Weltwissen weitgehend erschlossen werden. Wichtiger sind die geplanten Aktionen. Aus Kontext und Weltwissen kann der Textrezipient erschließen, daß es sich um Terroraktionen, vermutlich um Mordanschläge auf Personen des öffentlichen Lebens, Bombenanschläge auf öffentliche Gebäude oder ähnliches handelt. Das Verschweigen dieser an sich wichtigen Referenzmerkmale ist sicher nicht zufällig, sondern im Interesse der allgemeinen Sicherheit oder der Sicherheit bestimmter Personen notwendig.

Interessanterweise läßt die Formulierung *einen Mann* in (3) offen, ob es sich um einen bestimmten (d.h. vorerwähnten oder sonst irgendwie dem Leser bekannten) Mann handelt oder um einen beliebigen. Es handelt sich um eine nicht-determinierte, einerquantifizierte

NP, die normalerweise - wegen des fehlenden Determinans - als Paradefall von indefiniter Referenz angesehen wird, wobei *ein* traditionell als unbestimmter Artikel gilt und als Indikator für Indefinitheit interpretiert wird. Ich habe anhand von Beispielen wie (4-61) und anderswo (vgl. VATER 1982b) zu zeigen versucht, daß *ein* nicht Indefinitheit, sondern Vorliegen einer Einermenge anzeigt und deshalb grundsätzlich in das Paradigma der Quantoren, genauer der Numeralia (wie *zwei, drei* usw.) gehört. Eine mit Numerale quantifizierte NP - für *zwei, drei* usw. gilt das gleiche wie für *ein* - hat referentiell gesehen grundsätzlich zwei Lesarten:
- eine nicht-spezifische, nach der es sich um ein beliebiges Exemplar (bzw. zwei, drei usw. Exemplare) einer Menge handelt,
- eine spezifische, nach der es sich um ein bestimmtes, wenn auch nicht identifiziertes Exemplar handelt.

Der Textzusammenhang legt dem Rezipienten nahe, auf einen Mann aus der vorerwähnten Gruppe der Festgenommenen, nicht auf einen beliebigen Mann zu referieren.[44] Diese Deutung wird durch den Kontext nahegelegt. Nach KLEIN/VON STUTTERHEIM (1991:20) liegt hier offenbar nicht strukturbasierte Kontextabhängigkeit vor, sondern Inferenz: Der Leser benutzt sein Weltwissen und die Plazierung der Äußerung im Kontext zur Interpretation der NP und deutet den möglichen Referenten als Teilmenge der vorerwähnten Personenmenge:

Abb.21   a   b

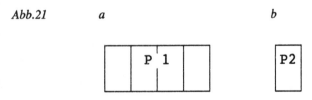

Dabei gilt: $P_2 \subset P_1$.

---

44 Hier wird gleichzeitig deutlich, daß Referenz ein kognitives Phänomen ist, das nicht einseitig an den Textproduktionsakt geknüpft ist, sondern ebenso den Rezeptionsakt betrifft.

P_1 ist die Personengruppe, auf die mit der NP *vier mutmaßliche Terroristen* referiert wird; P_2, der Referent von *einen Mann*, ist echte Teilmenge von P_1.

Diese Erörterungen zeigen, daß Referenzanalyse von Texten gleichzeitig in den Bereich "Textverstehen" fällt, der hier nur in seinem referentiellen Bereich und nicht sehr detailliert skizziert werden konnte. Der Leser sei hier vor allem auf SCHERNER 1984 und 1986, RICKHEIT/STROHNER (eds.) 1985, STROHNER 1990 und STROHNER/RICKHEIT 1990 verwiesen.

4.4 Resümee zur Textreferenz

Referenz ist ein komplexes Phänomen. Auch bei einer Konzentration auf die Referenzfunktionen sprachlicher Mittel ist ein interdisziplinäres Vorgehen unerläßlich. Linguistik, Logik, Psychologie und Kognitionswissenschaft sind involviert; innerhalb der Linguistik wiederum sind sowohl semantische als auch pragmatische und syntaktische Aspekte zu studieren, wobei die semantischen und pragmatischen überwiegen und im Zusammenhang mit kognitiven Aspekten gesehen werden sollten.

Referenz geschieht immer in einem situativen oder sprachlichen Kontext. Daher beschäftigen sich Sprechakttheorie, Gesprächsanalyse und Textlinguistik mit Referenz.

Im Zentrum der Beschreibung standen hier Koreferenz, Definitheit und Zeitreferenz. Es ist auf eine Reihe anderer Referenzphänomene hinzuweisen, die die Textanalyse berühren und die noch nicht oder nicht genügend untersucht sind:

- Bedingungen für die Einführung von Referenten (besonders bei Textanfängen);
- vergleichende Analyse anaphorischer Mittel;
- Referenz im Verhältnis zur Prädikation.

4.5 Aufgaben

A31 Referenzbeziehungen in einem Satz

Stellen Sie die Referenzbeziehungen im folgenden Satz (aus dem Text in A23) nach dem Muster von JACKENDOFF 1983 - vgl. (4-24) - dar.

Ein Akkordeonspieler legte eine Mütze für Kleingeld auf das Pflaster.

A32 Ereignisreferenz im Text

Stellen Sie die Ereignisreferenzen im letzten Absatz von T37 zusammen und stellen Sie die Referenzbeziehungen zwischen den Ereignissen untereinander und zwischen Ereignissen und beteiligten Gegenständen und Orten dar, wobei Sie Abb. 17 als Muster benutzen können.

A33 Temporalreferenz im Text

Stellen Sie die Temporalbeziehungen im folgenden Text nach dem Muster von Abb. 17 dar. Beachten Sie die Datierung des Berichts!

Amadeus total auf Schloß Brühl

"Amadeus '90" lautet der griffige Titel zur Mozart-Festwoche, die im August im Brühler Schloß und in der Kölner Philharmonie stattfindet. Für die zehn Konzerte haben die Veranstalter internationale Stars verpflichtet. Zur Eröffnung - 3. August, 19.30 Uhr - gibt es in Anwesenheit des Schirmherrn Johannes Rau ein nicht-öffentliches Gala-Konzert im Treppenhaus von Schloß Augustusburg.

Im Mittelpunkt stehen Violinkompositionen. Die bereits mehrfach preisgekrönte junge Geigerin Ulrike Anima Mathé spielt, begleitet vom Kölner Kammerorchester unter Helmut Müller-Brühl, die beiden

Violinkonzerte KV 216 und 219, sowie die Haffner-Serenade KV 250, die ein Violinkonzert einschließt. Diese Werke stehen auch im Mittelpunkt des vierten Schloßkonzerts am 4. und 5. August, jeweils um 19.30 Uhr.

(*Kölner Stadtanzeiger* 28./29.7.90:22)

A 34   Lokalreferenz im Text

Stellen Sie die Lokalreferenzen und die Beziehungen zwischen ihnen im folgenden Text als Netzwerk-Diagramm dar, unter Einschluß der Ereignisse (mit den wichtigsten Gegenstands-Referenten), die lokalisiert werden. Benutzen Sie "loc" für Lokal- und "dir" für Direktionalbeziehungen, wobei Sie sie anhand der vorkommenden Präpositionen spezifizieren sollten nach "loc_{in}", "loc_{auf}", "dir_{in}" usw. Bestimmen Sie auch die Beziehungen der Lokalangaben zueinander mithilfe der in Abb. 17 benutzten Inklusions- und Gleichheitszeichen und der oben genannten Spezifizierungen (z.B. "loc_{neben}" in dem Fall, wo ein Ort neben einem andern lokalisiert ist, vgl. *das Haus neben der Schule*).

Invasion im Morgengrauen (von Peter Gerner und Stephanie McGehee)

Die Soldaten kamen im Morgengrauen: Irakische Panzer rollten in der Nacht zum Donnerstag über die kuwaitische Grenze und rückten auf die Hauptstadt vor. Die Bevölkerung ... beobachtete den Vormarsch regungslos von den Dächern ihrer Häuser aus. Tausende machten sich mit Hab und Gut auf den Weg in den Süden, um in Saudi-Arabien Zuflucht zu suchen. ...
Irakische Truppen drangen in die Hauptstadt ein und beschossen den Palast von Scheich Dschaber Al-Ahmad Al-Sabah, der in letzter Minute hatte nach Saudi-Arabien fliehen können. Die meisten Regierungsmitglieder verschanzten sich im Gebäude des Obersten Verteidigungsrates, die Telefonverbindungen zu ihnen sind abgerissen.

(*Kölner Stadtanzeiger* 3.8.1990:3)

A 35 Definite Gegenstandsreferenz

Bestimmen Sie bei allen determinierten NPs im Beispieltext von A 34, welcher der vier Gebrauchsweisen definiter Determinantien (vgl. 4.2.4) sie zuzurechnen sind. Benutzen Sie D_{an} für anaphorische Definitheit, D_{as} für assoziative Definitheit, D_{abst} für abstrakt-situative Definitheit (deiktische Definitheit kommt nicht vor).

Sehen Sie sich auch die nicht-determinierten NPs an und überlegen Sie, welche von ihnen ebenfalls als definit aufzufassen sind.

A 36 Koreferenz

Bestimmen Sie alle Koreferenz-Beziehungen im Beispieltext von A34. Beachten Sie dabei die in 4.3.1 eingeführten und in Abb. 16 illustrierten Beziehungen. Sehen Sie sich Problemfälle an wie z.B. die Relation zwischen *irakische Panzer* und *irakische Truppen*.

A 37 Ereignisbewegung

Stellen Sie die referentielle Bewegung in der Ereignisreferenz im Beispieltext von A 34 dar und benennen Sie die Art der referentiellen Bewegung (Einführung, Fortführung usw., vgl. 4.3.3).

A 38 Zeitbewegung

Stellen Sie die zeitliche referentielle Bewegung im Beispieltext von A 34 dar - nach der Art der referentiellen Bewegung und den Relationen "vor", "gleichzeitig" und "nach" - und geben Sie an, welche Abschnitte des Textes zur Haupt-, welche zur Nebenstruktur gehören. Prüfen Sie, ob die von KLEIN/VON STUTTERHEIM 1987 und 1991 genannten Restriktionen im Hinblick auf zeitreferentielle Spezifizierung in Haupt- und Nebenstrukturen zutreffen.

A 39 Ortsbewegung

Stellen Sie die referentielle Bewegung im Bereich der Lokalreferenz im Text von A 34 nach KLEIN/VON STUTTERHEIM 1991 dar, wobei zwischen positionaler und direktionaler Referenz (vgl. *im Gebäude...* vs. *nach Saudi-Arabien*) zu differenzieren ist. Überlegen Sie, ob evtl. eine dritte Art der Lokalreferenz anzunehmen ist (vgl. 4.2.3). Bestimmen Sie dann die Relationen zwischen den einzelnen referierenden Ausdrücken, z.B. mithilfe von Mengenrelationen wie in A 37.

A 40 Personenbewegung

Stellen Sie die referentielle Bewegung im Beispieltext von A 34 im Bereich der Personalreferenz dar, indem Sie die Mengenverhältnisse zwischen den referierenden Ausdrücken bestimmen, also: Inklusion (vgl. Abb.21), Gleichheit, Überlappung, Komplementarität.

5. Textsorten

5.1 Zur Definition von "Textsorte"

> "Mit der Frage nach Textsorten verbinden sich zwei grundsätzliche Erkenntnisinteressen. Zum einen wird sowohl im täglichen Sprachgebrauch als auch in der Praxis der einzelnen Textwissenschaften (Literaturwissenschaft, Theologie, Jurisprudenz, Geschichtswissenschaft, Philosophie) ein intuitiver, "prätheoretischer" Textsortenbegriff vorausgesetzt und verwendet. ... Zum anderen hat die linguistische Texttheorie selbst ein elementares Interesse an der Definition von Textsorten." (GÜLICH/RAIBLE 1972:1)

"Textsorte" ist nach LUX (1981:14) ein Phänomen, mit dem die Sprecher einer Sprache umzugehen wissen: Sie sind in der Lage, verschiedene Textsorten zu identifizieren und texttypologische Regeln zu entdecken und anzuwenden. Aufgabe des Textlinguisten ist es, das vorwissenschaftliche Textsortenverständnis zu explizieren. Er sieht sich nach LUX (1981:14) mit folgenden drei Hauptfragen konfrontiert:
- Wie lassen sich Textsorten genauer definieren?
- Wieviele und welche Textsorten gibt es? Bestehen systematische Relationen zwischen ihnen?
- Welche texttypologischen Regeln gibt es und wie sind sie zu beschreiben?

Dabei gilt nach BRETTSCHNEIDER (1972:125), daß die Konstituierung von textsortendifferenzierenden Kriterien die Explizierung des Begriffs "Text" voraussetzt.

Hierzu bemerkt jedoch LUX (1981:16) (unter Hinweis auf RAIBLE 1972:142) einschränkend, daß man nicht erwarten könne, daß "vor jeder Beschäftigung mit Textsorten eine in jeder Hinsicht `fertige' Textdefinition und -theorie vorliegt." Ein annähernder Textbegriff ist jedoch immer Voraussetzung für die Textsortenanalyse. Die Erörterungen zum Textbegriff in 1.2.2 dürften als Grundlage für die folgenden Darlegungen zur Textsortendifferenzierung ausreichen.

Dabei muß offenbar der handlungsorientierte Aspekt, wie er von SCHMIDT (1973:150) bei der Textdefinition vertreten wird (vgl. 1.2.2), berücksichtigt werden. Die folgende Textsortendefinition halte ich für recht brauchbar:

> "Eine Textsorte kann allgemein als eine Klasse von Texten beschrieben werden, die einem komplexen Muster sprachlicher Handlungen zuzuordnen sind." (ERMERT 1979:66)

Diesen Gesichtspunkt bringt auch die folgende ausführlichere (wenn auch etwas umständlich formulierte) Definition von LUX (1981:273) zum Ausdruck:

> "Eine Textsorte ist eine im Bereich der kohärenten verbalen Texte liegende kompetentiell anerkannte und relevante Textklasse, deren Konstitution, deren Variationsrahmen und deren Einsatz in Kotext und umgebenden Handlungstypen Regeln unterliegt. Ein Teil der Identität eines Textes besteht in seiner Textsortenzugehörigkeit. Formal läßt sich eine Textsorte beschreiben als Kombination von Merkmalen (deren Zahl für jede Textsorte einzeln festgelegt ist) aus Klassifikationsdimensionen, die nach den drei semiotischen Grundaspekten des Textes (Abbildung von Welt, kommunikative Funktion, Eigenstruktur) gruppiert sind."

Allgemein anerkannt ist der von Lux erwähnte Umstand, daß eine Textsorte durch bestimmte Merkmale gekennzeichnet ist, was auch im folgenden Zitat von ERMERT (1979:50) zum Ausdruck kommt:

> "Eine Textsorte ... ist formal als eine Klasse oder Menge von virtuellen Texten zu bestimmen, die eine oder mehrere gemeinsame Eigenschaften haben. Mit Bildung von Textsorten wird hier der Vorgang der Textklassenbildung nach bestimmten Kriterien bezeichnet. Dazu gehört die Feststellung der Eigenschaften, die für die jeweilige Textsorte konstitutiv sein sollen, und die Zuweisung konkreter Textexemplare zu einer Textsorte aufgrund ihrer jeweils textsorten-spezifischen Eigenschaften."

Die Kriterien, die zur Klassifikation von Texten herangezogen werden, seien dabei unter Rückgriff auf die sprachtheoretische Basis und das Ziel der Klassifikation auszuwählen.

Textsorten lassen sich demnach durch textsortenspezifische Kombinationen von Merkmalen charakterisieren. Das kommt in den folgenden Subklassifizierungsvorschlägen auch deutlich zum Ausdruck.

5.2 Kriterien für die Textsortenklassifikation

Grob gesehen lassen sich folgende Kriterien für die Textsortenklassifizierung feststellen:
- Klassifizierung nach Gegenstand und Zielsetzung (OOMEN 1972);
- Klassifizierung nach den in Texten vorkommenden Typen von Teiltexten (GÜLICH/RAIBLE 1977:54, WAWRZYNIAK 1980);
- Klassifizierung nach kommunikationsorientierten Kriterien (BRETTSCHNEIDER 1972, SANDIG 1972, SCHMIDT 1972, HELBIG 1975, ERMERT 1979).

Sicher gibt es noch mehr Klassifizierungsarten, allein von linguistischer Seite. Dazu kommen die traditionellen und neueren Klassifikationsansätze der Literaturwissenschaftler, bei denen natürlich literarisch-ästhetische Gesichtspunkte im Vordergrund stehen.

Der von OOMEN (1972:17ff.) befürwortete "systemtheoretische" Ansatz geht vom ganzheitlichen Charakter der Texte aus. Grammatische Kriterien werden sowohl für die Feststellung von Texthaftigkeit als auch für die Konstitution von Textsorten als nicht ausreichend angesehen, da nach OOMEN (1972:15) selbst Aneinanderreihungen syntaktisch fehlerhafter Konstruktionen "nicht als mangelhafte Beherrschung der Textbildung, sondern der Syntax beurteilt" werden. Der oben angeführte Text T17 bezeugt das eindrucksvoll.

Nach OOMEN (1972:24) besteht eine Korrelation zwischen der Textsorte, dem Textzusammenhang und der Klasse der Textkonstituenten. In einem Textsystem hält sich "der sich durchziehende Zusammenhang in einem gewissen Gleichgewicht" (ebd., 25). Extreme Abweichungen würden den Textcharakter stören und der Zielsetzung widersprechen. Bei mehrfacher Zielsetzung kann es jedoch mehr als einen Gleichgewichtszustand geben.

OOMEN (1972) bringt zwar teilweise überzeugende Argumente gegen Textsortenklassifizierung mit Hilfe grammatischer oder anderer Merkmale. Ihr eigener Ansatz wird jedoch nicht recht ausgearbeitet, geschweige denn anhand konkreter Textbeispiele erläutert. So bleibt unklar, wie eine Textsortenklassifizierung, die sich nicht an einzelnen Merkmalen, sondern am Textganzen orientiert, aussehen soll.

Bei ihrer Annahme, daß für die Textsorten-Klassifizierung das Vorkommen typischer Textkomponenten eine Rolle spielt, berufen sich GÜLICH/RAIBLE (1977:54) auf Märchen und Gerichtsreden. Bei der klassischen Gerichtsrede beispielsweise lassen sich Einleitung, Erzählung des Tatbestands, Beweis, Kreuzverhör, Lächerlichmachung (bestimmter gegnerischer Positionen) und Schluß als konstitutive Bestandteile bestimmen. Die Frage ist, inwieweit eine solche Klassifizierung - eine Art "Konstituentenanalyse von Texten" - auch auf andere Textsorten, z.B. Alltagsdialoge, anwendbar ist.

Am vielversprechendsten scheint mir der kommunikationsorientierte Ansatz zu sein, der in GÜLICH/RAIBLE 1972 in mehreren Varianten vorgetragen wurde und sich auch in der Folgezeit als fruchtbar erwies (vgl. HELBIG 1975 und ERMERT 1979).

Ich nehme an, daß andere wichtige Kriterien, die zur Textsortenklassifikation vorgeschlagen wurden, wie Art der Makrostruktur (Zusammensetzung aus Teiltexten) und grammatische Merkmale, von kommunikationsorientierten Faktoren abhängig sind (vgl. HELBIG 1975). Im einzelnen nachweisen kann ich das nur in geringem Maße. Hier sind - wie auch im Bereich der Makrostrukturen - noch eingehende Untersuchungen notwendig.

In 5.3 soll der Ansatz von SANDIG (1972) vorgestellt werden, den sie zur Klassifizierung von "gebrauchssprachlichen", also nichtliterarischen Texten, verwendet. Komplementär dazu bezieht sich SCHMIDT (1972) auf literarische Texte. Darauf soll in 5.5 eingegangen werden. Ebenfalls kommunikationsorientiert geht ERMERT (1979) bei seiner Analyse von Briefsorten vor, die in 5.4 präsentiert wird. In diesem Abschnitt soll die Klassifikation von HELBIG (1975) vorgestellt werden.

HELBIG (1975:73) gibt folgenden Kriterien-Katalog zur Klassifizierung von Textsorten:

1) monologisch - dialogisch (alternierend);
2) spontan - nicht spontan;
   a) nicht spontan, gedanklich vorgeformt, sprachlich nicht vorher fixiert;
   b) nicht spontan, gedanklich vorgeformt, sprachlich vorher fixiert;
3) Partner präsent oder nicht;
4) Zahl der Sprechpartner (der Sender und Empfänger);
5) Öffentlichkeit der sprachlichen Äußerung;
6) Spezifiziertheit der Sprechpartner (Zugehörigkeit zu bestimmten gesellschaftlichen Gruppen u.a.);
7) gesprochen - geschrieben;
8) Modalität der Themenbehandlung (z.B. erörternd, deskriptiv, argumentativ, assoziativ);
9) Grad der Steuerung bzw. des kommunikationstheoretischen Aufwandes".

Helbigs Kriterien beschreiben Textbildungsereignisse, nicht Textbildungsresultate (vgl. 1.2.2). Merkwürdigerweise unterscheidet HELBIG (1975) trotz der vielen von ihm verwendeten Kriterien nur vier Textsorten: Alltagsdialog, Diskussion, Vortrag und Buch. Die drei ersten Textsorten sind eindeutig als Kommunikationsereignisse aufzufassen; der vierte bezieht sich eher auf ein Textbildungsresultat und ist damit nach WAWRZYNIAK (1980:27) "eine echte Textsorte", allerdings eine recht problematische, weil "Buch" ein Sammelbegriff für die unterschiedlichsten Textsorten ist: Kochbücher, Märchenbücher, Romane, Bastelbücher und pornographische Werke wären danach der gleichen Textsorte zuzuordnen!

WAWRZYNIAK (1980:28) weist nach, daß sich die Kriterien 3, 4, 5 und 6 auf die Kommunikationspartner und 1, 2, 7, 8 und 9 auf ihr kommunikatives Verhalten beziehen. Allein die Kriterien 7 und 8 charakterisieren auch Texte als Resultate von Kommunikationsvorgängen.

Für WAWRZYNIAK (1980:28) ist Kriterium 7 ("gesprochen - geschrieben") das wichtigste. Gesprochene Texte sind Texte in statu nascendi, d.h. Texte als Textbildungsprozesse. Bei gesprochenen (nicht vorgelesenen!) Texten nimmt der Empfänger gleichzeitig zwei Gegenstände wahr: einen lebendigen Textbildungsprozeß und sein Resultat. Der Rezipient sieht deutlich einen Zusammenhang zwischen dem Textproduzenten (seinen Gesten, seiner Diktion und Intonation), dem Textherstellungsprozeß und dem Resultat (dem "fertigen Text"). WAWRZYNIAK (1980:28) stellt fest:

> "Wenn jemand dagegen einen vorher geschriebenen Text vorliest, bezieht er den Hörer nicht unbedingt auf den Texthersteller, sondern vor allem auf den Text als Ergebnis eines oder mehrerer Schreibakte. Geschriebene Texte sind objektivierte Gebilde, die eine intersubjektive Gültigkeit besitzen. Sie können von jedermann vorgelesen werden, der des Lesens kundig ist."

5.3 Subklassifizierung von Gebrauchstexten

"Gebrauchstext"[45] wird hier in Opposition zu "literarischer Text" gesehen. SANDIG (1972:113) geht dabei von Text$_2$ im Sinne von KALLMEYER/MEYER-HERRMANN 1980 aus (vgl. 1.2.2), wenn sie Gebrauchs-Textsorten "sozial genormte komplexe Handlungsschemas" nennt, "die Sprechern einer Sprache zur Verfügung stehen". Dabei müssen die Benutzergruppen der Textsorten mit einbezogen werden. SANDIG (1972:114ff.) verwendet eine Reihe von Merkmalen zur Abgrenzung von Textsorten, von denen hier nur die wichtigsten angeführt werden[46]. Die Merkmale [gesp], [spon] und [mono] sind in der Hierarchie am höchsten; durch sie werden Texte in gesprochene und geschriebene, spontane und nicht-spontane, monologische und dialogische geschieden, wobei zu dialogischen auch solche gehören, an denen mehr als zwei Sprecher beteiligt sind.

Durch diese drei Merkmalsoppositionen ergeben sich nach SANDIG (1972:115f.)

---

[45] Ich verwende den Terminus "Gebrauchstext", weil der von SANDIG (1972) benutzte Terminus "gebrauchssprachlicher Text" suggeriert, daß es sich hier lediglich um sprachliche Besonderheiten handelt. In Wirklichkeit orientiert sich die Verfasserin aber an Thema und Zielsetzung von Texten.

[46] Einige der hier nicht dargestellten Merkmale scheinen mir problematisch zu sein, so z.B. [+1per], [+2per] und [+3per], die die "Weise der Interaktion der Kommunikationspartner" (1972:117) bezeichnen sollen.

"folgende vorläufigen Einteilungen:

- monologisch
- gesprochen
- spontan

1. [+mono, +gesp, +spon]:
   Laut gesprochene "innere Sprache" (vgl. WYGOTSKI 1964:206) ...
2. [+mono, +gesp, -spon]:
   Vorlesung, öffentliche Rede, Rundfunknachricht, Predigt...
3. [-mono, +gesp, +spon]:
   familiäres Gespräch, Telefongespräch, Frage um Auskunft auf der Straße ...
4. [-mono, +gesp, -spon]:
   Wissenschaftliche Diskussion, Podiumsdiskussion ...
5. [+mono, -gesp, +spon]:
   familiärer Brief, Tagebuchnotiz ...
6. [+mono, -gesp, -spon]:
   offizieller Brief, Wissenschaftstext, Kochrezept, Zeitungstext, Wetterbericht, Inserate, Annoncen ...
7. [-mono, -gesp, +spon]:
   Briefwechsel von familiären Briefen, verschriftlichte Diskussion (nicht überarbeitet) ...
8. [-mono, -gesp, -spon]:
   verschriftlichte Diskussion (überarbeitet), offizieller Briefwechsel ...".

Unter Hinzuziehung weiterer Merkmale ergibt sich eine Gebrauchstextsorteneinteilung, die natürlich keinen Anspruch auf Vollständigkeit erhebt und die hier leicht verkürzt in Abb.22 wiedergegeben ist.

Die verwendeten Merkmale kennzeichnen nach SANDIG (1972:122) "nur grobe Textcharakteristika", nicht "die internen Strukturen von Textsorten. Sie sind, so weit ich sehe, recht brauchbar, müßten jedoch an größeren Textkorpora überprüft werden.

Abb.22 *Gebrauchtstextsorten-Klassifikation nach* SANDIG (1972:118)

Textsorte	gesp	spon	mono	rkon	zkon	anf	end	aufb	them	par
Interview	+	±	−	±	+	±	±	−	+	−
Brief	+	±	±	−	−	+	+	−	±	±
Telefongespräch	+	±	−	−	+	+	+	−	±	±
Gesetzestext	−	−	+	−	−	+	+	−	+	−
Arztrezept	−	−	+	−	−	+	+	+	+	−
Kochrez.	±	−	+	±	±	−	−	+	+	−
Wetterbericht	±	−	+	−	+	−	−	+	+	−
Traueranzeige	−	−	+	−	−	+	+	+	+	±
Vorlesung	+	±	+	+	+	+	±	−	+	−
Inserat	−	−	+	−	−	+	+	+	+	−
Rundfunknachricht	+	−	+	−	+	+	+	−	−	−
Zeitg.nr.	−	−	+	−	−	−	−	−	+	−
Telegramm	−	−	+	−	−	+	+	−	+	±
Gebr.anw.	−	−	+	−	−	−	−	−	+	−
familiär. Gespräch	+	+	−	+	+	−	−	−	−	+

Legende:

[+rkon]: räumlicher Kontakt zwischen Sender und Empfänger
[+zkon]: zeitliche Kontinuität der Kommunikation
[+anf]: besondere sprachliche Form des Textanfangs
[+end]: besondere sprachliche Form des Textendes
[+aufb]: Textsorte durch konventionellen Textaufbau festgelegt

[+them]: Thematik der Textsorte ziemlich genau festgelegt
[+part]: Gleichberechtigung der Kommunikationspartner in bezug auf den Kommunikationsakt.[47]

5.4 Briefsorten

Die interessante und detaillierte Studie von ERMERT (1979) liefert wichtige Kriterien zur Textsortenklassifikation in einem Teilbereich: dem der brieflichen Kommunikation. "Brief" ist keine Textsorte, sondern eine Art der dialogischen schriftlichen Kommunikation. ERMERT (1979:9) vermerkt :

> "Der Brief ist zunächst nichts als ein durch bestimmte formale Merkmale gekennzeichnetes Mittel, mit dem ein Mensch mit einem andern kommunizieren kann, der räumlich von ihm getrennt ist. Dabei ist die Häufigkeit des Auftretens bestimmter (Ausdrucks)Formen und Funktionen von Briefen und die Häufigkeit des Briefs als Kommunikationsform in einer Gesellschaft allgemein abhängig von bestimmten historisch gesellschaftlichen Situationen."

Briefe sind demnach eine Untergruppe der Gebrauchstexte. ERMERT (1979:5) weist jedoch auch auf den Brief als "literarische Gebrauchsform" hin, den er als "fiktiven Brief" vom "eigentlichen Brief" abgrenzt, mit dem er sich im folgenden ausschließlich beschäftigt.

Briefsorten werden nach ERMERT (1979:67) konstituiert

> "(a) durch die Zugehörigkeit zur Kommunikationsform 'Brief',
> (b) durch die Intentionen des Briefschreibers, die in ihnen realisiert werden (das ergibt sich aus den Implikationen des Handlungsbegriffs),
> (c) durch die Zugehörigkeit zu bestimmten Handlungsbereichen (die durch den jeweiligen Status und die soziale Rolle der Kommunikationspartner bezüglich der jeweiligen kommunikativen Handlung und den Status der jeweiligen kommunikativen Handlung definiert werden),

---

[47] "Bei [-part] könnte dann für die einzelnen Textsorten angegeben werden, in welcher Weise die Partner nicht gleichberechtigt sind" (SANDIG 1972:117).

(d) durch je spezifische textinterne Strukturen und
  (e) durch die äußeren Formalien."

Dabei variieren (d) und (e) mit (b) und (c). Zu den "äußeren Formalien" - die bei Briefen eine größere Rolle spielen als bei anderen Kommunikationsformen - gehören Format und Farbe des Papiers, räumliche Aufteilung, das notwendige Vorhandensein eines Umschlags usw.

ERMERT (1979) arbeitet ähnlich wie SANDIG (1972) mit Merkmalen. Er nennt sie "Differenzierungskriterien" und leitet sie aus fünf "Dimensionen" ab: (a) Handlungsdimension, (b) thematische Dimension, (c) Situationsdimension, (d) sprachlich-strukturelle Dimension, (e) formale Situation. Als Materialbasis benutzt er zeitgenössische deutsche Briefsteller.[48] Die Differenzierungskriterien innerhalb der Handlungsdimension ordnet er nach folgendem Schema an:

---

[48] ERMERT (1979:13) notiert dazu: "... nach Auswertung der Jahrgänge 1975/76 und 1976/77 des "Verzeichnisses lieferbarer Bücher" (VLB) und des Barsortimentskataloges (KNO)/KV des Buchhandels (9) unter den Stichworten "Brief", "Briefsteller", "Korrespondenz" und "Schriftverkehr" sind zur Zeit 63 Briefsteller und Korrespondenzlehrbücher als selbständige Veröffentlichungen im deutschen Buchhandel erhältlich. Dazu kommt noch eine längere Abhandlung (Bunje 1968) im Rahmen einer populären Sprach- und Stillehre, die ebenfalls zu berücksichtigen ist."

Abb.23 Differenzierungskriterien in der Handlungsdimension

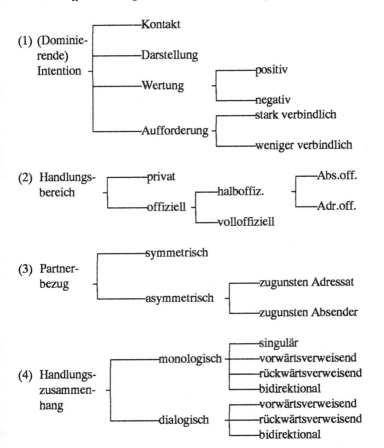

In der thematischen Dimension ergeben sich folgende Differenzierungskriterien:

Abb.24 Differenzierungskriterien in der thematischen Dimension

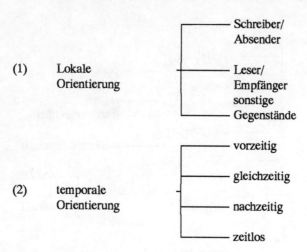

In der situationalen Dimension geht ERMERT (1979:84f.) ähnlich wie SANDIG (1972) vor, aber differenzierter (vgl. hierzu und zur thematischen Dimension auch KNIFFKA (1981:27)). Er unterscheidet nach Bekanntheitsgrad der Kommunikationspartner, Beschaffenheit der Kommunikationspartner (eine Person, mehrere Personen usw.), Produktions- und Rezeptionsbedingungen und schließlich nach den Beförderungsmodalitäten (Post, Bote, Fernschreiben usw.).

Hier interessiert vor allem noch die sprachlich-strukturelle Dimension, d.h. "die je spezifische Auswahl und Kombination der lexikalischen und syntaktischen Mittel, die den Sprechern einer Sprache zur Verfügung stehen" (ERMERT 1979:87). Die Auswahl ist weitgehend durch die Intention des Sprechers bestimmt. Der Brief als Kommunikationsform ist für fast alle sprachlichen Formen offen; er läßt auch sprachliche Strukturen zu, die nach HARWEG (1968 eigentlich für mündliche Texte typisch sind, wie z.B. die temporalen und lokalen "Kleinraumdeiktika".

Die Übersicht über die sprachlichen Mittel wird hier am Beispiel der Aufforderungsformtypen (nach ERMERT 1979:102) illustriert:

Abb.25 Aufforderungsformtypen

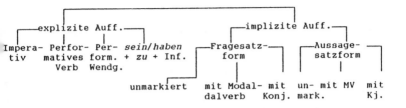

MV = Modalverb   Perf. = performativ

Eine andere Unterdimension der sprachlich-strukturellen Dimension betrifft das Anredeverhalten; vgl. Abb. 26. nach ERMERT (1979:107):

Abb.26 Anrede und Grußformel in Briefen

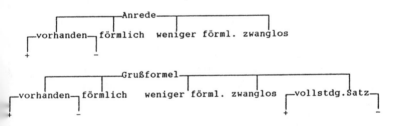

5.5   Resümee zur Textsortenklassifikation

Anhand der geschilderten Ansätze zur Textklassifikation und einiger neuerer (z. B. FRANKE 1987) will ich versuchen, Textsortenkriterien in einer zusammenfassenden systematischen Übersicht darzustellen. Dabei sollen Textsorten-Beispiele für die einzelnen Merkmal-Kombinationen - beschränkt auf gesprochene Texte - angegeben werden. Abb. 27 bietet einen solchen Überblick.

Abb. 27   Textsortenkriterien in hierarchischer Anordnung

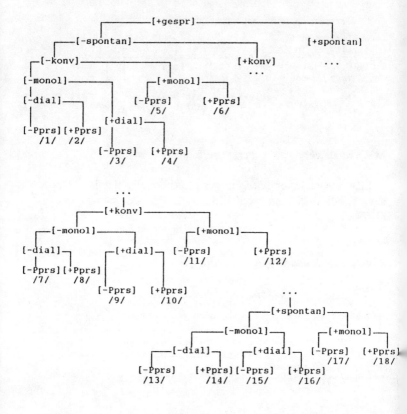

Folgende Merkmale werden dieser Klassifikation zugrundegelegt:

[spontan]	Vgl. 5.3 (Definition SANDIG 1972)
[monol]	Vgl. 5.3 (Def. SANDIG 1972)
[dial]	[-dial]: mehr als 2, [+dial]: 2 Gesprächspartner
[konv]	nicht-konventionelle vs. konventionelle Texte.
[Pprs]	Partner (nicht) präsent, vgl. 5.2 (Def. von HELBIG 1975:73)

Diese Liste kann natürlich nur die obersten und wichtigsten Merkmale wiedergeben. Eingehende Analysen sind m. E. noch notwendig, um die bisher vorgeschlagenen Textsortenklassifikationen kritisch am Datenmaterial zu überprüfen, zu modifizieren und zu erweitern. Dabei sollten die in 3. und 4. diskutierten Ansätze zur Textstrukturierung berücksichtigt werden.

6. Zusammenfassung und Ausblick

Die hier vorgelegte Einführung hat versucht, einen Einblick in die gängigen von Textlinguisten behandelten Themenkreise - Textdefinition, Textualität, Textthema, Textstruktur und Textsorten - zu geben und darüber hinaus die bisher weniger beachtete, aber m.E. für die linguistische Textanalyse zentrale Referenzthematik zu beschreiben. Es dürfte klar geworden sein, daß in einem Text enge Zusammenhänge nicht nur zwischen dem Thema und der Textstruktur, sondern auch zwischen diesen beiden und den im Text vorkommenden Referenzrelationen bestehen.

KLEIN/VON STUTTERHEIM (1987 und 1991) bestimmen das Thema eines Textes dadurch, daß sie es als Antwort auf eine Frage, die "Quaestio" ansehen. Diese Antwort wird nicht auf einmal gegeben, sondern auf den ganzen Text verteilt, doch nicht so, daß einem Schritt in der Beantwortung der Quaestio unmittelbar der nächste folgt; Nebenstrukturen sind in den Text eingeschaltet, die nicht der Beantwortung der Quaestio dienen, sondern als notwendig erachtete Hintergrundinformationen liefern.

Die Beantwortung der Quaestio ist gleichzeitig Grundlage der "referentiellen Bewegung" in einem Text. Man kann (und muß) die Quaestio aufspalten nach der berühmten Laswellschen Formel, die die Journalisten befolgen (vgl. KNIFFKA 1981): "Wer, was, wann, wo, warum, wie?" Die ersten vier der daraus resultierenden Referenztypen - Gegenstands-, Ereignis, Zeit- und Ortsreferenz[49] - wurden in 4.2 vorgestellt, die Problematik der Kausalreferenz wurde in 4.3.2 im Zusammenhang mit Inferenzziehung kurz angeschnitten; Modalitätsreferenz (Referenz der Art und Weise) wurde hier ausgeklammert und nur bei der Beschreibung des Ansatzes von JACKENDOFF (1983) erwähnt. KLEIN/VON STUTTERHEIM (1987 und 1991) haben nicht nur die Quaestio-These aufgestellt, sondern gleichzeitig einen methodischen Weg dafür gewiesen, wie man die Beantwortung der Questio in Texten untersuchen kann, nämlich durch die Analyse der referentiellen Bewegung. Wenn das auch erst skizzenhaft geschehen ist, halte ich diese Analysemethode doch für brauchbar und erfolgverspre-

---

[49] Gegenstandsreferenz schließt die in der Laswellschen Formel angesprochene Personalreferenz ein.

chend. Ich habe sie in 4.3.3 auf einen Text angewendet, wobei sich zeigte, daß die einzelnen Referenztypen in Texten gewöhnlich miteinander verschränkt sind (z.B. dadurch, daß innerhalb eines referierten Ereignisses auf Gegenstände und Lokalitäten referiert wird). Hier ist eine Verfeinerung der Methodik angebracht. Einen ersten Schritt in dieser Richtung stellt die Untersuchung von GEHRING (1992) dar.

Eng verbunden mit der textuellen Referenzanalyse ist die Bestimmung der Makrostruktur von Texten. Dies geschah offenbar erstmals bei VAN DIJK (1972)[50], wobei er versucht, Makrostrukturen schrittweise aus Mikrostruktren (z.B. durch "Makroregeln" (die Elisionen und Verschmelzungen vornehmen) zu gewinnen. Ich habe in 3.3.2 auf das Problematische dieses Vorgehens hingewiesen. Was man unter anderem gar nicht in den Griff bekommt, sind textsortentypische Elemente, über die der Rezipient intuitiv verfügt und die er bei Nacherzählungen, Resümees usw. beisteuern kann, auch wenn sie nicht aus den Mikrostrukturen des Textes erschließbar sind. Die Untersuchungen von SCHERNER (1984) und (1991), RICKHEIT/STROHNER (eds.) (1985) und STROHNER (1990) zum Textverstehen dürften zu einer Weiterentwicklung der Analyse von Makrostrukturen beitragen.

Gleichzeitig liefern diese Studien einen wichtigen Beitrag zum besseren Vertsändnis der Textkohärenz, die in der klassischen - unter anderem von BEAUGRANDE/DRESSLER dargestellten - Form Probleme aufgibt (vgl. 2.2 und 2.8). In engem Zusammenhang damit steht auch die Abgrenzung von Texten gegenüber Nicht-Texten bzw. "Pseudo-Texten" oder "Textoiden" (vgl. 1.2.2). Die Einbeziehung des Rezipienten beim Aufbau von Textkohärenz (vgl. SCHERNER 1984 und 1991) dürfte bei der Lösung der auftretenden Probleme hilfreich sein.

Zum Schluß sei auf die von mir in 5. recht knapp behandelte Frage der Textsortenbestimmung verwiesen. Auch hier gibt es trotz einer Fülle vorliegender Untersuchungen noch viele ungelöste Probleme. Möglicherweise ist auch hier der Ansatz von KLEIN/VON STUTTER-

---

50 GÜLICH 1970 spricht zwar bereits von "Makrosyntax" bzw. von der Erfassung der Gliederungssignale in einem "makrosyntaktischen Rahmen" (ebd.:16), doch geschieht das noch in der transphrastischen Phase der Textlinguistik, wo man im Anschluß an HARWEG 1968 u.a. praktisch eine über den Satz hinausgehende Textgrammatik anstrebte. Dabei konnten Makrostrukturen i.S. v. VAN DIJK 1972 und 1980 noch nicht erarbeitet werden.

HEIM (1987) wegweisend: Der Textaufbau wird vielfach als textsortentypisch angesehen (vgl. GÜLICH/RAIBLE 1977, VAN DIJK 1980, MACKELDEY 1990). Wenn der Textaufbau nun weitgehend von der referentiellen Bewegung abhängt, dürfte von hier aus ein Weg zur genaueren Textsortenbestimmung führen, der die Klassifikation mithilfe von Merkmalen (vgl. 5.2 - 5.4) wenn nicht ersetzen, so doch sinnvoll ergänzen könnte.

7. Bibliographie

Abney, Stephen, 1987. *The English Noun Phrase in its Sentential Aspect*. Ph.D. Dissertation. Cambridge/MA: MIT.

Abraham, Werner / Janssen, Theo (eds.), 1989. *Tempus - Aspekt - Modus. Die lexikalischen und grammatischen Formen in den germanischen Sprachen*. Tübingen: Niemeyer (= LA 237).

Agricola, Erhard, 1972². *Semantische Relationen im Text und im System*. Halle: VEB Niemeyer.

Agricola, Erhard, 1976. Vom Text zum Thema. In: Daneš, František / Viehweger, Dieter (eds.), 1976:13-27.

Agricola, Erhard, 1977. Text - Textaktanten - Informationskern. In: Daneš, Frantisek / Viehweger, Dieter (eds.), 1977:11-32.

Agricola, Erhard, 1979. *Textstruktur, Textanalyse, Informationskern*. Leipzig: VEB Verlag Enzyklopädie.

Allwood, Jens / Andersson, Lars-Gustav / Dahl, Östen, 1977. *Logic in Linguistics*. Cambridge: Cambridge University Press.

Atkinson, Richard C. / Shiffrin, Richard M., 1968. Human memory: A proposed system and its control processes. In: Spence, K.W. / Spence, Janet T. (eds.), 1968. *Advances in the psychology of learning and motivation research and theory, vol. 2*. New York: Academic Press.

Bajzíková, Eugénia, 1985. Pronomina und ihre Funktionen im Text. In: Hlavsa, Zdenek / Viehweger, Dieter (eds.), 1985:99-105.

Bartlett, Frederic C., 1932. *Remembering: A Study in Experimental and Social Psychology*. Cambridge: Cambridge University Press.

Bartsch, Renate, 1972. *Adverbialsemantik*. Frankfurt: Athenäum.

Bartsch, Renate, 1979. Die Rolle von pragmatischen Korrektheitsbedingungen bei der Interpretation von Äußerungen. In: Grewendorf, Günther (ed.), 1979:217-243.

Bartsch, Werner, 1969. Über ein System der Verbformen. In: *Der Begriff Tempus - eine Ansichtssache?*, Düsseldorf: Schwann (= *Beihefte zur Zeitschr. Wirkendes Wort*' 20), 90-110.

Bartsch, Werner, 1972. Aktionalität und Modalität. *Zielsprache Deutsch* 2:55-67.

Baumann, Hans-Heinrich, 1970. Der deutsche Artikel in grammatischer und textgrammatischer Sicht. *Jahrbuch für Internationale Germanistik* 2:145-154.

Baumgärtner, Klaus, 1965. Formale Erklärung poetischer Texte. In: Kreuzer, Helmut / Gunzenhäuser, Rul (eds.), 1965:49-65.

Baumgärtner, Klaus / Wunderlich, Dieter, 1969. Ansatz zu einer Semantik des deutschen Tempussystems. In: *Der Begriff Tempus - eine Ansichtssache?*, Düsseldorf: Schwann (= *Beihefte zur Zeitschr. `Wirkendes Wort'* 20), 23-49.

Beaugrande, Robert-A. de / Dressler, Wolfgang U., 1981. *Einführung in die Textlinguistik*. Tübingen: Niemeyer (= *Konzepte der Linguistik* 28).

Bever, Thomas G., 1970. The Cognitive Basis for Linguistic Structures. In: Hayes, John R. (ed.), 1970. *Cognition and the Development of Language*. New York: Wiley, 279-362.

Bierwisch, Manfred, 1965. Poetik und Linguistik. In: Kreuzer, Helmut / Gunzenhäuser, Rul (eds.), 1965:49-65.

Bierwisch, Manfred, 1970. Semantics. In: Lyons, J. (ed.), 1970. *New Horizons in Linguistics*. Harmondsworth: Penguin, 166-184. Dt. Übersetzung: *Neue Perspektiven in der Linguistik*. Reinbek b. Hambg.: Rowohlt 1975 (= *rororo Studium Ling.* 66), 150-167.

Bierwisch, Manfred, 1979. Wörtliche Bedeutung - eine pragmatische Gretchenfrage. In: Grewendorf, Günther (ed.), 1979:119-148.

Bierwisch, Manfred, 1983a. Semantische und konzeptuelle Repräsentation lexikalischer Einheiten. In: Ruzicka,Rudolf / Motsch, Wolfgang (eds.), 1983. *Untersuchungen zur Semantik*. Berlin: Akademie-Verlag (= *studia grammatica* XXII), 61-99.

Bierwisch, Manfred, 1983b. Psychologische Aspekte der Semantik natürlicher Sprachen. In: Motsch, Wolfgang / Viehweger, Dieter (eds.), 1983. *Richtungen der modernen Semantikforschung*. Berlin: Akademie Verlag, 15-64.

Bierwisch, Manfred, 1988. On the Grammar of Local Prepositions. In: Bierwisch, Manfred /Motsch, Wolfgang / Zimmermann, Ilse (eds.), 1988:1-65.

Bierwisch, Manfred/ Motsch, Wolfgang/ Zimmermann, Ilse (eds.), 1988. *Syntax, Semantik und Lexikon*. Berlin: Akademie-Verlag (= *studia grammatica* XXIX).

Black, Max, 1949. *Language and Philosophy*. New York: Cornell University Press.

Braunmüller, Kurt, 1977. *Referenz und Pronominalisierung: Zu den Deiktika und Proformen im Deutschen*. Tübingen: Niemeyer (= *LA* 46).

Brekle, Herbert, 1972. *Semantik*. München: Fink (= *UTB* 102).

Brettschneider, Gunter, 1972. Zur Explikationsbasis für 'Texte' und 'Textsorten'. In: Gülich, Elisabeth / Raible, Wolfgang (eds.), 1972:125-134.

Brinker, Klaus, 1971. Aufgaben und Methoden der Textlinguistik. Kritischer Überblick über den Forschungsstand einer neuen linguistischen Teildisziplin. *Wirkendes Wort* 21:217-237.

Brinker, Klaus, 1973. Zum Textbegriff in der heutigen Linguistik. In: Sitta, Horst / Brinker, Klaus (eds.), 1973. *Studien zur Texttheorie und zur deutschen Grammatik. Festgabe für Hans Glinz zum 60. Geburtstag*. Düsseldorf: Schwann (= *Sprache der Gegenwart* 3), 9-41.

Brinker, Klaus, 1979. Zur Gegenstandsbestimmung und Aufgabenstellung der Textlinguistik. In: Petöfi, János S. (ed.), 1979. *Text vs. Sentence. Basic Questions of Textlinguistics*. Bd. II. Hamburg: Buske, 3-12.

Brinker, Klaus, 1980. Textthematik als spezifisch textlinguistischer Forschungsbereich. In: Kühlwein, Wolfgang / Raasch, Albert (eds.), 1980. *Sprache und Verstehen*, Bd II. Tübingen: Niemeyer, 138-141.

Brinker, Klaus, 1985 (1988[2]). *Linguistische Textanalyse*. Berlin: Erich Schmidt (= *Grundlagen der Germanistik* 29).

Brinkmann, Hennig, 1965. Die Konstituierung der Rede. *Wirkendes Wort* 15:157-172.

Brons-Albert, Ruth, 1982. *Die Bezeichnung von Zukünftigem in der gesprochenen deutschen Standardsprache*. Tübingen: Narr (= *Studien zur deutschen Grammatik* 17).

Bühler, Karl, 1934 (1982[3]). *Sprachtheorie*. Stuttgart: G. Fischer (= *UTB* 1159).

Bull, William, 1968. *Time, Tense, and the Verb*. Berkeley/Los Angeles: University of California Press.

Burton-Roberts, Noel, 1976. On the generic indefinite article. *Language* 52, 2:427-448.

Buscha, Annerose, 1977. Zu Fragen der Verkürzung im dialogischen Text. In: Daneš, František / Viehweger, Dieter (eds.), 1977:237-246.

Bussmann, Hadumod, 1983 (1990²). *Lexikon der Sprachwissenschaft.* Stuttgart: Kröner (=*Kröners Taschenbuchausgabe* 452).

Bzdęga, Andrzej Z., 1984. Sogenannte kommodische und inkommodische Syntagmen im Deutschen und Polnischen. *Studia Germanica Posnaniensia* XIII:3-14.

Carnap, Rudolf, 1947 (1956²). *Meaning and Necessity.* Chicago/London: University of Chicago Press.

Chomsky, Noam, 1970. Remarks on Nominalizations. In: Jacobs, Roderick A. / Rosenbaum, Peter S. (eds.), 1970:184-221.

Chomsky, Noam, 1981. *Lectures on Government and Binding: The Pisa Lectures.* Dordrecht: Foris.

Christophersen, Paul, 1939. *The Articles: A Study of their Theory and Use in English.* Kopenhagen/London: Munksgaard.

Chur, Jeannette, 1991. *Generische Nominalphrasen im Deutschen.* Dissertation Universität Köln. Erscheint im Verlag Niemeyer, Tübingen.

Clark, Eve V., 1973. What's in a word? On the Child's Acquisition of Semantics in his first Language. In: Moore, Timothy E. (ed.), 1973. *Cognitive Development and Acquisition of Language.* New York: Academic Press, 65-110.

Clark, Herbert H., 1973. Space, Time, Semantics, and the Child. In: Moore, Timothy E. (ed.), 1973. *Cognitive Development and Acquisition of Language.* New York: Academic Press, 27-63.

Clark, Herbert H./ Clark, Eve V., 1977. *Psychology and Language: An Introduction to Psycholinguistics.* New York: Harcourt.

Comrie, Bernard, 1976. *Aspect.* Cambridge: Cambridge University Press.

Comrie, Bernard, 1985. *Tense.* Cambridge: Cambridge University Press.

Comrie, Bernard, 1989. On identifying future tense. In: Abraham, Werner / Janssen, Theo (eds.), 1989, 51-63.

Dahl, Östen, 1975. On Generics. In: Keenan, Edward L. (ed.), 1975. *Formal Semantics of Natural Language.* Cambridge: Cambridge University Press, 99-111.

Daneš, František, 1970. Zur linguistischen Analyse der Textstruktur. *Folia Linguistica* IV, 72-78. Wieder in: Dressler, Wolfgang (ed.), 1978a:185-192.

Daneš, Frantisek, 1976. Zur semantischen und thematischen Struktur des Kommunikats. In: Daneš, Frantisek / Viehweger, Dieter (eds.), 1976:29-40.

Daneš, Frantisek / Viehweger, Dieter (eds.), 1976. *Probleme der Textgrammatik I*. Berlin: Akademie-Verlag (= *studia grammatica* XI).

Daneš, Frantisek / Viehweger, Dieter (eds.), 1977. *Probleme der Textgrammatik II*. Berlin: Akademie-Verlag (= *studia grammatica* XVIII).

Davidson, Donald, 1967. The Logical Form of Action Sentences. In: Rescher, N. (ed.), 1967. *The Logic of Decision & Action*. Pittsburg: University of Pittsburg Press, 81-95.

Davidson, Donald / Harman, Gilbert (eds.), 1972. *Semantics of Natural Language*. Dordrecht/Boston: Reidel.

Der Begriff Tempus - eine Ansichtssache? Düsseldorf 1969: Schwann (= *Beihefte zur Zeitschrift 'Wirkendes Wort'* 20).

Dressler, Wolfgang (ed.), 1978a. *Textlinguistik*. Darmstadt: Wissenschaftliche Buchgesellschaft (= *Wege der Forschung* Bd. 427).

Dressler, Wolfgang (ed.), 1978b. *Current Trends in Textlinguistics*. Berlin/New York: De Gruyter.

Dressler, Wolfgang / Schmidt, Siegfried J., 1973. *Textlinguistik: Kommentierte Bibliographie*. München: Fink.

DUDEN 1984[4]. *Grammatik der deutschen Gegenwartssprache*. Mannheim/Wien/Zürich: Dudenverlag (= *Duden* 4).

Dusková, Libuse, 1985. The role of definiteness in functional sentence perspective. In: Hlavsa, Zdenek / Viehweger, Dieter (eds.), 1985:57-74.

Duszak, Anna, 1991. Schematic and topical categories in news story reconstruction. *Text* 11:503-522.

Ehlich, Konrad, 1984. Zum Textbegriff. In: Rothkegel, Annely / Sandig, Barbara (eds.), 1984:9-25.

Ehlich, Konrad, 1990. 'Textsorten' - Überlegungen zur Praxis der Kategorienbildung in der Textlinguistik. In: Mackeldey, Roger (ed.), 1990:17-30.

Ehrich, Veronika, 1982. 'Da' and the system of spatial deixis in German. In: Weissenborn, Jürgen / Klein, Wolfgang (eds.), 1982. *Here and there. Cross-Linguistic Studies on Deixis and Demonstration*. Amsterdam: Benjamins, 43-63.

Ehrich, Veronika, 1983. *Da* im System der lokalen Demonstrativadverbien des Deutschen. *Zeitschrift für Sprachwissenschaft* 2:197-219.

Ehrich, Veronika, 1991. *Hier und jetzt. Studien zur positionalen und temporalen Deixis.* Habilitationsschrift Univ. Köln. Erscheint im Verlag Niemeyer, Tübingen.

Ehrich, Veronika / Vater, Heinz (eds.), 1988. *Temporalsemantik.* Tübingen: Niemeyer (= *LA* 201).

Ehrich, Veronika / Vater, Heinz, 1989. Das Perfekt im Dänischen und Deutschen. In: Abraham, Werner / Janssen, Theo (eds.), 1989, 103-132.

Eisenberg, Peter, 1986. *Grundriß der deutschen Grammatik.* Stuttgart: Metzler.

Engel, Ulrich, 1977. *Syntax der deutschen Gegenwartssprache.* Berlin: Erich Schmidt (= *Grundlagen der Germanistik* 22).

Engelkamp, Johannes, 1974. *Psycholinguistik.* München: Fink (= *UTB* 297).

Erben, Johannes (1972[11]). *Deutsche Grammatik - Ein Abriß.* München: Hueber.

Ermert, Karl, 1979. *Briefsorten. Untersuchungen zu Theorie und Empirie der Textklassifikation.* Tübingen: Niemeyer (= *Reihe Germanistische Linguistik* 20).

Eroms, Hans-Werner, 1984. Die doppelten Perfekt- und Plusquamperfektformen im Deutschen. In: Eroms, H.-W. et al (eds.), 1984. *Studia linguistica et philologica. Festschrift für Klaus Matzel zum 60. Geburtstag.* Heidelberg: Winter, 343-351.

Eroms, Hans-Werner, 1986. *Funktionale Satzperspektive.* Tübingen: Niemeyer (= *Germanistische Arbeitshefte* 31).

Falster Jakobsen, Lisbeth / Olsen, Jørgen, 1975. Zum Problem der Textkohärenz. Ein Versuch, anhand eines Textes die kohärenzbildenden Faktoren zu überprüfen. *Text & Kontext* 3:3-48.

Fabricius-Hansen, Cathrine, 1986. *Tempus fugit. Über die Interpretation temporaler Strukturen im Deutschen.* Düsseldorf: Schwann (= *Sprache der Gegenwart* 64).

Fleischer, Wolfgang (ed.), 1987. *Textlinguistik und Stilistik. Beiträge zu Theorie und Methode.* Berlin: Akademie der Wissenschaften (= *Linguistische Studien, Reihe A*, 164)

Fodor, Jerry A. / Bever, Thomas G. / Garret, Merrill F., 1974. *The Psychology of Language. An Introduction to Psycholinguistics and Generative Grammar.* New York: McGraw-Mill.

Foerster, Heinz von, 1981. Das Konstruieren einer Wirklichkeit. In: Watzlawick, Paul (ed.), 1981:39-60.

Franke, Wilhelm, 1987. Texttypen - Textsorten - Textexemplare: Ein Ansatz zu ihrer Klassifizierung und Beschreibung. *Zeitschrift für Germanistische Linguistik* 15:263-281.

Frege, Gottlob, 1892a. Über Sinn und Bedeutung. *Zeitschrift für Philosophie und Kritik* 100, 25-50. Wieder in: Frege, Gottlob, 1962:40-65.

Frege, Gottlob, 1892b. Über Begriff und Gegenstand. *Vierteljahresschrift für wissenschaftliche Philosophie* 16:192-205. Wieder in: Frege, Gottlob, 1962:66-80.

Frege, Gottlob, 1962. *Funktion, Begriff, Bedeutung. Fünf logische Studien.* Herausgegeben und eingeleitet von Günther Patzig. Göttingen: Vandenhoeck und Ruprecht.

Fries, Norbert, 1983. *Syntaktische und semantische Studien zum frei verwendeten Infinitiv und zu verwandten Erscheinungen im Deutschen.* Tübingen: Narr (= *SdG* 21).

Fries, Udo, 1971. Textlinguistik. *Linguistik und Didaktik* 7:219-234.

Gabler, Birgit, 1990. Sprachliche Merkmale geschriebener Texte - am Beispiel der geschriebenen Fassung eines Wissenschaftlergesprächs. In: Mackeldey, Roger (ed.), 1990:68-76.

Gaca, Alicja, 1986. Deutsch-Polnische Äquivalenz aus der Sicht der Textstruktur. *Studia Germanica Posnaniensia* XV:27-36.

Garrod, Simon C., 1985. Incremental Pragmatic Interpretation versus Occasional Inferencing during Fluent Reading. In: Rickheit, G./ Strohner, H. (eds.), 1985:161-181.

Gehring, Harriet, 1992. *Textthema, Textstruktur und referentielle Bewegung in Zeitungsartikeln.* Magisterarbeit Universität zu Köln.

Göttert, Karl-Heinz, 1991. *Einführung in die Rhetorik.* München: Fink (= *UTB* 1599).

Grewendorf, Günther (ed.), 1979. *Sprechakttheorie und Semantik.* Frankfurt/M.: Suhrkamp.

Grewendorf, Günther, 1982. Zur Pragmatik der Tempora im Deutschen. *Deutsche Sprache* 3:213-236.

Grewendorf, Günther, 1988. *Aspekte der deutschen Syntax.* Tübingen: Narr (= *Studien zur deutschen Grammatik* 33).

Gülich, Elisabeth, 1970. *Makrosyntax der Gliederungssignale im gesprochenen Französisch.* München: Fink (= *Structura* 2).

Gülich, Elisabeth / Raible, Wolfgang (eds.), 1972. *Textsorten. Differenzierungskriterien aus linguistischer Sicht.* Frankfurt: Athenäum (=*Athenäum-Skripten Linguistik* 5).

Gülich, Elisabeth / Heger, Klaus / Raible, Wolfgang, 1974. *Linguistische Textanalyse. Überlegungen zur Gliederung von Texten.* Hamburg: Buske (= *Papiere zur Textlinguistik* 8).

Gülich, Elisabeth / Raible, Wolfgang, 1977. *Linguistische Textmodelle.* München: Fink (= *UTB* 130).

Haider, Hubert, 1988. Die Struktur der deutschen NP. *Zeitschrift für Sprachwissenschaft* 7,1:30-53.

Halliday, Michael A.K. / Hasan, Ruqaiya, 1976. *Cohesion in English.* London: Longman.

Harris, Zellig S., 1952. Discourse Analysis. *Language* 28:1-30.

Hartmann, Peter, 1968. Textlinguistik als linguistische Aufgabe. In: Schmidt, J. (ed.), 1968. *Konkrete Dichtung, Konkrete Kunst.* Karlsruhe: Eigenverlag hors commerce, 62-77. Wieder in: Dressler, Wolfgang (ed.), 1978a:93-105.

Harweg, Roland, 1968. *Pronomina und Textkonstitution.* München: Fink.

Hauenschild, Christa, 1984. Entwurf eines Textmodells zur Erfassung anaphorischer Bezüge. In: Rothkegel, A. / Sandig, B. (eds.), 1984:131-148.

Hausenblas, Karel, 1977. Zu einigen Grundfragen der Texttheorie. In: Daneš, Frantisek / Viehweger, Dieter (eds.), 1977:147-158.

Hausenblas, Karel, 1985. Zu den Prinzipien des Textaufbaus oder: Text ohne Stil? In: Hlavsa, Zdenek / Viehweger, Dieter (eds.), 1985:25-27.

Hawkins, John, 1977. The Pragmatics of Definiteness. Part I,II. *Linguistische Berichte* 47:1-27 und 48:1-27.

Hawkins, John, 1978. *Definiteness and Indefiniteness: A Study in Reference and Grammaticality Prediction.* London: Croom Helm.

Heidolph, Karl Erich et al., 1981. *Grundzüge einer deutschen Grammatik.* Berlin: Akademie-Verlag.

Heim, Irene, 1982. *The Semantics of Definite and Indefinite Noun Phrases.* Konstanz: Sonderforschungsbereich 99 Linguistik, Universität Konstanz.

Heinemann, Margot, 1990. Varietäten und Textsorten - eine Annäherung. In: Mackeldey, Roger (ed.), 1990:54-60.

Heinemann, Wolfgang, 1990. Textsorten/ Textmuster - ein Problemaufriß. In: Mackeldey, Roger (ed.), 1990:8-16.

Heinemann, Wolfgang / Viehweger, Dieter, 1991. *Textlinguistik. Eine Einführung.* Tübingen: Niemeyer (= *Reihe Germanistische Linguistik* 115).

Helbig, Gerhard, 1975. Zu Problemen der linguistischen Beschreibung des Dialogs im Deutschen. *Deutsch als Fremdsprache* 12:65-80.

Hellwig, Peter, 1984. Grundzüge einer Theorie des Textzusammenhangs. In: Rothkegel, Annely / Sandig, Barbara (eds.), 1984:51-79.

Heringer, Hans-Jürgen et al., 1977. *Einführung in die Praktische Semantik.* Heidelberg: Quelle und Meyer.

Herweg, Michael, 1990. *Zeitaspekte: Die Bedeutung von Tempus, Aspekt und temporalen Konjunktionen.* Wiesbaden: Deutscher Universitäts-Verlag.

Heyer, Gerhard, 1987. *Generische Kennzeichnungen: Zur Logik und Ontologie generischer Bedeutung.* München/Wien: Philosophia Verl.

Hinds, John V., 1978. Textuelle Beschränkungen der Syntax. In: Dressler, Wolfgang (ed.), 1978a:344-356.

Hjelmslev, Louis, 1943. *Omkring Sprogteoriens Grundlaeggelse.* Kopenhagen: Festskrift udgivet af Københavns Universitet. Englische Übersetzung von F. Whitfield, *Prolegomena to a Theory of Language.* Bloomington, Ind., 1953: Indiana University Press. Dt. Übers. v. Keller, R. / Scharf, U. / Stötzel, G., *Prolegomena zu einer Sprachtheorie.* München 1974:Hueber.

Hlavsa, Zdenek, 1976. Towards a definition of a text. In: Daneš, Frantisek / Viehweger, Dieter (eds.), 1976:41-45.

Hlavsa, Zdenek, 1985. Some thoughts on the theory of thematic progressions. In: Hlavsa, Zdenek / Viehweger, Dieter (eds.), 1985:43-56.

Hlavsa, Zdenek / Viehweger, Dieter (eds.), 1985. *Aspects of Text Organization.* Prag: Ceskoslovenská akademie ved.

Höhle, Tilman N., 1978. *Lexikalistische Syntax. Die Aktiv-Passiv-Relation und andere Infinitkonstruktionen im Deutschen.* Tübingen: Niemeyer (= *LA* 67).

Höhle, Tilman N., 1982. Explikation für "normale Betonung" und "normale Wortstellung". In: Abraham, Werner (ed.), 1982. *Satzglieder im Deutschen*. Tübingen: Narr, 75-153.

Holst, Friedrich, 1978. *Morphologie. Einführungspapier mit Arbeitsaufgaben*. Köln: Universität Köln (=*KLAGE* 2).

Hörmann, Hans, 1976. *Meinen und Verstehen. Grundzüge einer psychologischen Semantik*. Frankfurt/M.: Suhrkamp.

Hundsnurscher, Franz / Weigand, Edda (eds.), 1986. *Dialoganalyse. Referate der 1. Arbeitstagung Münster 1986*. Tübingen: Niemeyer (=*LA* 176).

Hünig, Wolfgang, 1979. *Der Paragraph als pragmatische Einheit zwischen Satz und Text*. Duisburg: L.A.U.D.

Hurford, James/ Heasley, Brendan, 1983. *Semantics: a course book*. Cambridge: Cambridge University Press.

Ihwe, Jens / Petöfi, János S./ Rieser, Hannes, 1972. Möglichkeiten der Texttypologie auf der Grundlage expliziter Textgrammatiken. In: Gülich, Elisabeth / Raible, Wolfgang (eds.), 1972:9-13.

Isenberg, Horst, 1971. Überlegungen zur Texttheorie. In: Ihwe, Jens (ed.) 1971. *Literaturwissenschaft und Linguistik. Ergebnisse und Perspektiven. Bd. 1. Grundlagen und Voraussetzungen*. Frankfurt: Athenäum (= *Ars poetica. Texte*. 8), 155-172.

Isenberg, Horst, 1976. Einige Grundbegriffe für eine linguistische Texttheorie. In: Daneš, František / Viehweger, Dieter (eds.), 1976:47-145.

Isenberg, Horst, 1977. 'Text' versus 'Satz'. In: Daneš, František / Viehweger, Dieter (eds.), 1977:119-146.

Issatschenko, Alexander V., 1965. Kontextbedingte Ellipse und Pronominalisierung im Deutschen. *Beiträge zur Sprachwissenschaft, Volkskunde und Literaturforschung. Wolfgang Steinitz zum 60. Geburtstag*. Berlin: Akademie-Verlag, 163-174. Wieder in: Dressler, Wolfgang (ed.), 1978a:79-92.

Jackendoff, Ray, 1977. *X'-Syntax: A Study of Phrase Structure*. Cambridge, Mass./London: M.I.T.-Press (= *Linguistic Inquiry Monograph* II).

Jackendoff, Ray, 1983. *Semantics and Cognition*. Cambridge/Mass.: The MIT Press (= *Current Studies in Linguistics*, Series 8).

Jaeschke, G., 1980. Gibt es thematische und athematische Texte? *DaF* 5:267-269.

Jakobson, Roman, 1965. Poesie der Grammatik und Grammatik der Poesie. In: Kreuzer, Helmut /Gunzenhäuser, Rul (eds.), 1965: 21-32.

Janssen, Theo, 1988. Tense and temporal composition in Dutch. In: Ehrich, Veronika /Vater, Heinz (eds.) 1988:96-128.

Johnson-Laird, Philip N., 1988. *The Computer and the Mind: An Introduction to Cognitive Science.* London: Fontana press.

Kallmeyer, Werner / Meyer-Hermann, Reinhard, 1973. Textlinguistik. In: Althaus, Hans P. / Henne, Helmut / Wiegand, Herbert E. (eds.), 1980². *Lexikon der germanistischen Linguistik.* Bd. I:242-258.

Kalverkämper, Hartmut, 1978. *Textlinguistik der Eigennamen.* Stuttgart: Klett-Cotta.

Kant, Immanuel, 1787. *Kritik der reinen Vernunft.* 2. Aufl. Ausgabe von Th. Valentiner. Leipzig: Meiner 1923.

Katz, Jerrold J., 1972. *Semantic Theory.* New York, Evanston, S.Francisco, London:Harper & Row.

Katz, Jerrold J./ Fodor, Jerry A., 1963. The Structure of a Semantic Theory. *Language* 39:170-210. Dt. Übersetzung in Steger, Hugo (ed.), 1970. *Vorschläge für eine strukturale Grammatik des Deutschen.* Darmstadt: Wiss. Buchgesellschaft, 202-268.

Kemmerling, Andreas, 1976. Probleme der Referenz. In: Savigny, Eike v. (ed.), 1976. *Probleme der sprachlichen Bedeutung.* Kronberg/Ts.: Scriptor (= *Wissenschaftstheorie und Grundlagenforschung* 5), 39-72.

Kindt, Walter / Schmidt, Siegfried J., (eds.), 1976. *Interpretationsanalysen. Argumentationsstrukturen in literaturwissenschaftlichen Interpretationen.* München: Fink.

Kindt, Walter / Schmidt, Siegfried J., 1979. Textrezeption und Textinterpretation. In: Burghardt, Wolfgang / Hölker, Klaus (eds.), 1979. *Text Processing / Textverarbeitung. Papers in Text Analysis and Text Description / Beiträge zur Textanalyse und Textbeschreibung.* Berlin, New York: De Gruyter.

Kindt, Walter / Wirrer, Jan, 1976. Zu Teun van Dijks Aufsätzen 'Generative Semantik und Texttheorie' und 'Textgenerierung und Textproduktion'. In Kindt, Walter / Schmidt, Siegfried J. (eds.), 1976:116-132.

Kintsch, Walter, 1972. Notes on the semantic structure of memory. In: Tulving, E. /Donaldson, W. (eds.), 1972. *Organization of memory*. New York: Academic Press, 247-308.

Kintsch, Walter, 1974. *The representation of meaning in memory*. Hillsdale, N.J.: Erlbaum.

Kintsch, Walter / Van Dijk, Teun A., 1978. Toward a Model of Text Comprehension and Production. *Psychological Review* 85:363-394.

Klaus, Georg, 1964. *Moderne Logik. Abriß der formalen Logik*. Berlin: VEB Verlag der Wissenschaften.

Kleiber, Georges, 1984. Sur la Sémantique des Descriptions Démonstratives. *Lingvisticae Investigationes* VIII,1:63-85.

Kleiber, Georges, 1990. *L'article LE générique. La généricité sur le mode massif*. Genève: Droz.

Klein, Ulrich F.G., 1991. *Fokus und Akzent. Einige Bemerkungen zum Verhältnis von inhaltlicher und grammatischer Hervorhebung*. Köln: Universität Köln (= *KLAGE* 19).

Klein, Wolfgang (ed.), 1972. *Textlinguistik*. Frankfurt/M.: Athenäum (= *LiLi* 5).

Klein, Wolfgang, 1981. Some Rules of Regular Ellipsis in German. In: Klein, Wolfgang / Levelt, Willem (eds.), 1981:51-78.

Klein, Wolfgang / Levelt, Willem (eds.), 1981. *Crossing the Boundaries in Linguistics. Studies Presented to Manfred Bierwisch*. Dordrecht: Reidel.

Klein, Wolfgang / Stutterheim, Christiane von, 1987. Quaestio und referentielle Bewegung in Erzählungen. *Linguistische Berichte* 109:163-183.

Klein, Wolfgang / Stutterheim, Christiane von, 1991. Text structure and referential movement. *Sprache und Pragmatik* 22:1-32.

Klimonow, Gerda, 1977. Überlegungen zu einigen definitorischen Kriterien des Textbegriffs. In: Daneš, František / Viehweger, Dieter (eds.), 1977:181-184.

Kniffka, Hannes, 1980. *Soziolinguistik und empirische Textanalyse. Schlagzeilen- und Leadformulierung in amerikanischen Tageszeitungen*. Tübingen: Niemeyer (=*LA* 94).

Knobloch, Clemens, 1990. Zum Status und zur Geschichte des Textbegriffs. Eine Skizze. *LiLi* 77:66-87.

Koch, Walter A. (ed.), 1972. *Strukturelle Textanalyse - Analyse du récit - Discourse Analysis*. Hildesheim / New York: Olms.

Koch, Walter A., 1981. *Poetizität. Skizzen zur Semiotik der Dichtung.* Hildesheim / New York: Olms.

Koch, Wolfgang / Rosengren, Inger / Schonebom, Manfred, 1981. Ein pragmatisch orientiertes Textanalyseprogramm. *Lunder germanistische Forschungen* 50:155-203.

Köhler, Peter, 1989. *Nonsens. Theorie und Geschichte der literarischen Gattung.* Heidelberg: Winter.

Kohrt, Manfred , 1976. *Koordinationsreduktion und Verbstellung in einer generativen Grammatik des Deutschen.* Tübingen: Niemeyer (= *Linguistische Arbeiten* 41).

Koschmieder, Erwin, 1929. *Zeitbezug und Sprache.* Leipzig/Berlin: Teubner (= *Wissenschaftl. Grundfragen. Phil. Abhandlungen*, XI). Unveränderter Nachdruck: Darmstadt 1974: Wiss. Buchgesellschaft.

Krafft, Ulrich, 1978. *Comics lesen. Untersuchungen zur Textualität von Comics.* Stuttgart: Klett-Cotta.

Krause, Wolf-Dieter, 1990. Zur Ontologie von Textsorten. In: Mackeldey, R. (ed.), 1990:31-36.

Kreuzer, Helmut / Gunzenhäuser, Rul (eds.), 1965. Mathematik und Dichtung. München: Nymphenburger.

Kripke, Saul, 1972. Naming and Necessity. In: Davidson, Donald / Harman, Gilbert (eds.), 1972:253-355.

Kummer, Werner, 1971. Referenz, Pragmatik und zwei mögliche Textmodelle. In: Wunderlich, Dieter (ed.), 1971. *Probleme und Fortschritte der Transformationsgrammatik.* München: Hueber, 175-188. Wieder in: Dressler, W. (ed.), 1978a:328-343.

Kürschner, Wilfried / Vogt, Rüdiger (eds.), 1985. *Grammatik, Semantik, Textlinguistik. Akten des 19. Ling. Kolloquiums Vechta 1984, Bd.1.* Tübingen: Niemeyer (= *LA* 156).

Lang, Ewald, 1973. Über einige Schwierigkeiten beim Postulieren einer Textgrammatik. In: Kiefer, Ferenc / Ruwet, Nicolas (eds.), 1973. *Generative Grammar in Europe.* Dordrecht: Reidel, 284-314.

Lang, Ewald, 1976. Erklärungstexte. In: Daneš, Frantisek / Viehweger, Dieter (eds.), 1976:147-182.

Lang, Ewald, 1977. *Semantik der koordinativen Verknüpfung.* Berlin: Akademie-Verlag *(= studia grammatica* XIV).

Latzel, Sigbert, 1977. "Haben" + Partizip und ähnliche Verbindungen. *Deutsche Sprache* 5:289-312.

Lenerz, Jürgen, 1977. *Zur Abfolge nominaler Satzglieder im Deutschen.* Tübingen: Narr (=*Studien zur deutschen Grammatik* 5).

Lenerz, Jürgen, 1986. Tempus und Pragmatik - oder: Was man mit Grice so alles machen kann. *Linguistische Berichte* 102:136-154.

Lenneberg, Eric H., 1967. *Biological Foundations of Language.* New York: John Wiley and sons. Dt. Übersetzung: *Biologische Grundlagen der Sprache,* Frankfurt, 1972. Summary in: Lester, M. (ed.), 1970. *Readings in Applied Transformational Grammar.* New York: Holt, Rinehart and Winston, 3-20.

Levinson, Stephen C., 1983. *Pragmatics.* Cambridge University Press.

Leys, Odo, 1973. Nicht-referentielle Nominalphrasen. *Deutsche Sprache* 2: 1-15.

Lindgren, Kaj B., 1957. *Über den oberdeutschen Präteritumschwund.* Helsinki: Suomalaisen Tiedeaktamian Toimituksia (= *Annales Academiae Scientarum Fennicae*).

Linsky, Leonard, 1971. Reference and Referents. In: Steinberg, Danny D. / Jakobovits, Leon A. (eds.), 1971: 76-85.

List, Gudula, 1972. *Psycholinguistik: Eine Einführung.* Stuttgart: Kohlhammer.

Löbner, Sebastian, 1988. Ansätze zu einer integralen semantischen Theorie von Tempus, Aspekt und Aktionsarten. In: Ehrich, Veronika / Vater, Heinz (eds.), 1988:163-191.

Lotman, Jurij M., 1972 (1981²). *Die Struktur literarischer Texte.* München: Fink (= *UTB* 103).

Lux, Friedemann, 1981. *Text, Situation, Textsorte.* Tübingen: Narr (= *Tübinger Beiträge zur Linguistik* 172).

Lyons, John, 1977. *Semantics, Vol. 1 and 2.* Cambridge: Cambridge University Press.

Mackeldey, Roger, 1984. Der Alltagsdialog aus textlinguistischer Sicht. Bemerkungen zum Textcharakter mündlicher Dialoge. *Sprachpflege* 9:125-127.

Mackeldey, Roger, 1987. *Alltagssprachliche Dialoge.* Leipzig: VEB Verlag Enzyklopädie.

Mackeldey, Roger, 1990. Kundgabeverhalten in Alltagsdialogen. In: Mackeldey, R. (ed.), 1990:138-147.

Mackeldey, Roger (ed.), 1990. *Textsorten /Textmuster in der Sprech- und Schrift-Kommunikation. Festschrift zum 65. Geburtstag von Wolfgang Heinemann.* Leipzig: Universität (= *Wissensch. Beiträge der Univ. Leipzig*).

Markus, Manfred, 1977. *Tempus und Aspekt*. München: Fink.

Mathesius, Vilem, 1924. Nekolik poznámek o funkcji podmetu v moderní anglictine (Some Notes on the Function of Subject in Modern English). *Casopis pro moderní filologii* X: 244-248.

Mathesius, Vilem, 1929. Zur Satzperspektive im modernen Englischen. *Archiv für das Studium der neueren Sprachen und Literaturen* 155: 202-210.

McCawley, James D., 1981. *Everything that Linguists have Always Wanted to Know about Logic but were Ashamed to Ask*. Oxford: Blackwell.

Mill, John Stuart, 1862-63. *System der deduktiven und induktiven Logik*. 2 Bde. Braunschweig.

Miller, George A., 1956. The Magical Number Seven Plus or Minus Two. *Psychological Review* 63:81-97.

Miller, George A./ Johnson-Laird, Philip N., 1976. *Language and Perception*. Cambridge: Cambridge University Press.

Miller, M., 1976. Psycholinguistische Probleme der Referenz. *LiLi* 23/24:83-97.

Motsch, Wolfgang / Reis, Marga / Rosengren, Inger, 1989. *Zum Verhältnis von Satz und Text*. Lund: Universität, Germ. Institut (= *Sprache und Pragmatik* 11).

Neisser, Ulrich, 1967. *Cognitive Psychology*. New York: Meredith.

Neubert, A., 1982. Text als linguistischer Gegenstand. *Ling. Arbeitsberichte der Sektion Theoretische und Angewandte Sprachwiss. der K.-Marx-Univ. Leipzig*, 36:25-42.

Norman, Donald A./ Rumelhart, David E., 1975. *Explorations in cognition*. San Francisco: Freeman & Comp.

Olsen, Sue, 1989. Das Possessivum: Pronomen, Determinans oder Adjektiv? *Linguistische Berichte* 120:133-153.

Oomen, Ursula, 1971. Systemtheorie der Texte. *Folia Linguistica* 5: 12-34.

Oversteegen, Eleonore, 1988. Temporal adverbials in the two track theory of time. In: Ehrich, Veronika / Vater, Heinz (eds.), 1988:129-162.

Paduceva, Elena V., 1988. Referentielle Aspekte der Semantik des Satzes. In: Bierwisch, Manfred / Motsch, Wolfgang / Zimmermann, Ilse (eds.) 1988:171-184.

Palek, Bohumil/ Fischer, Gero, 1977. Ein Modell der Referenzstruktur des Textes. In: Daneš, Frantisek / Viehweger, Dieter (eds.), 1977:74-102.

Peisl, Anton / Mohler, A. (eds.), 1983. *Die Zeit.* München, Wien: Oldenbourg

Petöfi, János S., 1978. *Transformationsgrammatiken und die grammatische Beschreibung der Texte.* In: Dressler, Wolfgang (ed.), 1978a:300-327.

Petöfi, János S., 1984. Ausdrucks-Funktionen, Sätze, kommunikative Akte, Texte. In: Rothkegel, Annely / Sandig, Barbara (eds.), 1984:26-47.

Pike, Kenneth L., 1964. Discourse analysis and tagmeme matrices. In: *Oceanic Linguistics* 3, 1964:5-25. Wieder in: Brend, Ruth (ed.), 1974. *Advances in Tagmemics.* Amsterdam a.o.: North Holland Publishing (= *North Holland Linguistic Series* 9), 285-305.

Plett, Heinrich F., 1975 (1979²). *Textwissenschaft und Textanalyse. Semiotik, Linguistik, Rhetorik.* Heidelberg: Quelle & Meyer (= *UTB* 328).

Posner, Roland, 1973. Linguistische Poetik. In: Althaus, Hans-Peter / Henne, Helmut / Wiegand, Herbert Ernst (eds.), 1980². *Lexikon der germanistischen Linguistik.* Bd. III. Tübingen: Niemeyer, 687-698.

Posner, Roland, 1979. Bedeutung und Gebrauch der Satzverknüpfer in den natürlichen Sprachen. In: Grewendorf, Günther (ed.), 1979:345-385.

Prior, Arthur N., 1968. *Papers on time and tense.* London: Oxford University Press.

Rauh, Gisa (ed.), 1983. *Essays on Deixis.* Tübingen: Narr (= *Tübinger Beiträge zur Linguistik* 188).

Rauh, Gisa, 1983a. Aspects of Deixis. In: Rauh, Gisa (ed.), 1983: 9-60.

Rauh, Gisa, 1983b. Tenses as Deictic Categories. An Analysis of English and German Tenses. In: Rauh, Gisa (ed.), 1983: 229-278.

Rauh, Gisa, 1988. Temporale Deixis. In: Ehrich, Veronika / Vater, Heinz (eds.), 1988:26-51.

Reichenbach, Hans, 1947. *Elements of Symbolic Logic.* New York: Macmillan.

Reis, Marga, 1977. *Präsuppositionen und Syntax.* Tübingen:Niemeyer (=*LA* 51).

Reis, Marga, 1980. *Grundbegriffe der Semantik*. Arbeitspapier Universität Köln.
Reis, Marga / Vater, Heinz, 1980. Beide. In: Brettschneider, Gunter / Lehmann, Christian (eds.), 1980. *Wege zur Universalforschung. Sprachwissenschaftliche Beiträge zum 60. Geburtstag von Hansjakob Seiler*. Tübingen: Narr (= *Tübinger Beiträge zur Linguistik* 145), 360-386.
Rickheit, Gert / Schnotz, Wolfgang / Strohner, Hans, 1985. The Concept of Inference in Discourse Comprehension. In: Rickheit, Gert / Strohner, Hans (eds.), 1985:3-49.
Rickheit, Gert / Strohner, Hans (eds.), 1985. *Inferences in Text Processing*. Amsterdam, N.York: North-Holland.
Rieser, Hannes, 1977. On the Development of Text Grammar. In: Dressler, Wolfgang (ed.), 1977. *Current Trends in Textlinguistics*. Berlin, New York: Walter de Gruyter, 6-20.
Römer, Ruth, 1968. *Die Sprache der Anzeigenwerbung*. Düsseldorf: Schwann (= *Sprache der Gegenwart* 4).
Rosch, Eleonor, 1977. Human Categorization. In: Warren, Neil (ed.), 1977. *Studies in Crosscultural Psychology*, Vol. 1. London: Academic Press, 1-49.
Rothkegel, Annely, 1984. Frames und Textstruktur. In: Rothkegel, Annely/ Sandig, Barbara (eds.), 1984:238-261.
Rothkegel, Annely / Sandig, Barbara (eds.), 1984. *Text - Textsorten - Semantik. Linguistische Modelle und maschinelle Verfahren*. Hamburg: Buske.
Russell, Bertrand, 1905. On Denoting. *Mind* 30:479-493.
Sacks, Harvey / Schegloff, Emanuel / Jefferson, Gail, 1974. A simplest systematics for the organization of turn-taking for conversation. *Language* 50:696-755.
Saltveit, Laurits, 1962. *Studien zum deutschen Futur*. Bergen, Oslo: Norwegian Universities Press.
Sandig, Barbara, 1972. Zur Differenzierung gebrauchssprachlicher Textsorten im Deutschen. In: Gülich, Elisabeth / Raible, Wolfgang (eds.), 1972: 113-124.
Sanford, Anthony J., 1985. Aspects of Pronoun Interpretation: Evaluation of Search Formulations of Inference. In: Rickheit, Gert/ Strohner, Hans (eds.), 1985:183-204.

Saussure, Ferdinand de, 1916 (1969³). *Cours de linguistique générale*. Paris: Payot. Dt. Übersetzung: *Grundfragen der allgemeinen Sprachwissenschaft*. Berlin: de Gruyter (2. Aufl. 1967).

Schank, Roger C./ Abelson, Robert P., 1977. *Scripts, Plans, Goals and Understanding*. Hillsdale, N.J.: Erlbaum.

Scherner, Maximilian, 1979. Nichttextualisierte Verstehensvoraussetzungen als sprachwissenschaftliches Problem. In: Bülow, Edeltraud / Schmitter, Peter (eds.), 1979. *Integrale Linguistik. Festschrift für Helmut Gipper*. Amsterdam: Benjamins, 319-357.

Scherner, Maximilian, 1984. *Sprache als Text*. Tübingen: Niemeyer (= *Reihe Germanistische Linguistik* 48).

Scherner, Maximilian, 1986. Nützt die Grammatik der Textinterpretation? Zum Aufbau einer Verstehensgrammatik für den Deutschunterricht. *DU* 38,2:86-103.

Scherner, Maximilian, 1989. Wörter im Text. Überlegungen zur Verstehenssteuerung durch Sprache. *Poetica. An International Journal of Linguistic-Literary Studies* 29/30:187-213.

Scherner, Maximilian, 1991. Der 'Horizont' - ein sprachliches 'Kenntnissystem'? In: Harweg, Roland / Kishitani, Shoko / Scherner, Maximilian (eds.), 1991. *"Die deutsche Sprache - Gestalt und Leistung". H. Brinkmann in der Diskussion*. Münster: Nodus, 229-251.

Schmidt, Siegfried J., 1972. Ist `Fiktionalität' eine linguistische oder eine texttheoretische Kategorie? In: Gülich, Elisabeth / Raible, Wolfgang (eds.), 1972:59-71.

Schmidt, Siegfried J., 1973. *Texttheorie. Probleme einer Linguistik der sprachlichen Kommunikation*. München: Fink.

Schmidt, Siegfried J., 1980. *Grundriß der Empirischen Literaturwissenschaft. Teilband 1: Der gesellschaftliche Handlungsbereich Literatur*. Braunschweig: Vieweg.

Schnotz, Wolfgang, 1985. Selectivity in Drawing Inferences. In: Rickheit, Gert /Strohner, Hans (eds.) 1985:287-326.

Schwarz, Monika, 1991. *Einführung in die Kognitive Linguistik*. Tübingen: Francke (= *UTB* 1636).

Searle, John R., 1965. What is a Speech Act? In: Black, Max (ed.), 1965. *Philosophy in America*. Ithaca: Cornell University Press, 221-239.

Searle, John R., 1969. *Speech Acts*. Cambridge: University Press.

Searle, John R., 1971. The problem of proper names. In: Steinberg, Danny D. / Jakobovits, Leon A. (eds.), 1971: 134-141.

Searle, John R., 1979. Intentionalität und der Gebrauch der Sprache. In: Grewendorf, Günther (ed.), 1979:149-171.

Searle, John R., 1983. *Intentionality. An essay in the philosophy of mind.* Cambridge: Cambridge University Press.

Sgall, Petr / Hajicová, Eva / Benesová, Eva, 1973. *Topic, Focus, and Generative Semantics.* Kronberg/Ts: Scriptor.

Shopen, Tim, 1973. Ellipsis as Grammatical Indeterminacy. *Foundations of Language* 10:65-77.

Slobin, Dan I., 1969. *Psycholinguistics.* Glenview, IL/London: Scott, Foresman and Company. Dt. Übersetzung: *Einführung in die Psycholinguistik*, Kronberg/Gs.: Scriptor 1974.

Sowinski, Bernhard, 1983. *Textlinguistik. Eine Einführung.* Stuttgart: Kohlhammer.

Spillner, Bernd, 1974. *Linguistik und Literaturwissenschaft:Stilforschung, Rhetorik, Textlinguistik.* Stuttgart: Kohlhammer.

Stalnaker, Robert C., 1970. Pragmatics. *Synthese* 22. Wieder in: Davidson, Donald / Harman, Gilbert (eds.), 1972:380-397.

Stechow, Arnim von, 1981. Topic, Focus, and Local Relevance. In: Klein, Wolfgang / Levelt, Willem (eds.), 1981:95-130.

Steinberg, Danny D./ Jakobovits, Leon A. (eds.), 1971. *Semantics: An Interdisciplinary Reader in Philosophy, Linguistics and Psychology.* Cambridge: Cambridge University Press.

Steinitz, Renate, 1968. Nominale Proformen. In: Kallmeyer, Werner et al. (eds.), 1974. *Lektürekolleg zur Textlinguistik, Bd. 2: Reader,* Frankfurt: Athenäum Fischer Taschenbuch Verlag, 246-265.

Steinitz, Renate, 1969. *Adverbial-Syntax.* Berlin: Akademie-Verlag (= *studia grammatica* X).

Stenning, Keith, 1978. Anaphora as an Approach to Pragmatics. In: Halle, M. et al. (eds.), 1978. *Linguistic Theory and Psychological Reality.* Cambridge, Mass.: MIT Press, 162-200.

Steube, Anita, 1980. *Temporale Bedeutung im Deutschen.* Berlin: Akademie-Verlag (= *Studia grammatica* XX).

Steube, Anita, 1985. Die Rolle des Kontextes bei der Interpretation von Sätzen und Texten. In: Hlavsa, Zdenek / Viehweger, Dieter (eds.), 1985:29-41.

Steube, Anita, 1988. Zeitverlaufsstrukturen von Sätzen. In: Ehrich, Veronika / Vater, Heinz (eds.), 1988:192-220.

Steube, Anita, 1990. Eine linguistische Charakterisierung von "Bericht", "Beschreibung" und "Handlungsanweisung". In: Mackeldey, Roger (ed.), 1990:165-172.

Strawson, Peter F., 1950. On Referring. *Mind* 59: 320-344. Wieder in: Petöfi, János S./ Franck, Dorothea (eds.), 1973. *Präsuppositionen in Philosophie und Linguistik*. Frankfurt: Athenäum (= *Linguistische Forschungen* 7), 193-220.

Strohner, Hans, 1990. *Textverstehen. Kognitive und kommunikative Grundlagen der Sprachverarbeitung*. Opladen: Westdeutscher Verlag.

Strohner, Hans / Rickheit, Gert, 1990. Kognitive, kommunikative und sprachliche Zusammenhänge: Eine systemtheoretische Konzeption linguistischer Kohärenz. *Linguistische Berichte* 125:3-23.

Thiele, Wolfgang / Graustein, Gottfried, 1985. Aspects of a relational text model. In: Hlavsa, Zdenek / Viehweger, Dieter (eds.), 1985:11-23.

Thrane, Torben, 1980. *Referential-semantic analysis. Aspects of a theory of linguistic reference*. Cambridge: Cambridge University Press (= *Cambridge Studies in Linguistics* 28).

Van Belle, William, 1990. *Van tekstanalyse tot tekstplanning: de Rhetorical Structure Theory*. Leuven: Katholieke Univ. Leuven (= Preprint nr. 130).

Van der Auwera, Johan (ed.), 1980. *The Semantics of Determiners*. London: Croom Helm.

Van Dijk, Teun A., 1972. *Some Aspects of Text Grammars. A Study in Theoretical Linguistics and Poetics*. The Hague, Paris: Mouton.

Van Dijk, Teun A., 1977. *Text and Context. Explorations in the Semantics and Pragmatics of Discourse*. London, New York: Longman (= *Longman Linguistics Library* 21).

Van Dijk, Teun A., 1978. Aspekte einer Textgrammatik. In: Dressler, Wolfgang (ed.) 1978a:268-299.

Van Dijk, Teun A., 1980. *Textwissenschaft*. München: dtv (= *dtv wissenschaft* 4364).

Vater, Heinz, 1963 (1979^2). *Das System der Artikelformen im gegenwärtigen Deutsch*. Tübingen: Niemeyer (= *Linguistische Arbeiten* 78).

Vater, Heinz, 1975. Werden als Modalverb. In: Calbert,Joseph P./Vater, Heinz 1975. *Aspekte der Modalität*. Tübingen: Narr (= *Studien zur deutschen Grammatik* 1), 71-148.

Vater, Heinz, 1979. *Determinantien. Teil I: Abgrenzung, Syntax.* Trier: L.A.U.T. (= *KLAGE* 6).

Vater, Heinz, 1981. Les déterminants: délimitation, syntaxe, sémantique. *DRLAV* (Paris) 25, 145-173.

Vater, Heinz, 1982a. *Strukturalismus und Transformationsgrammatik. Überblick und Anwendung aufs Deutsche.* Trier: WVT.

Vater, Heinz, 1982b. Der "unbestimmte Artikel" als Quantor. In: Welte, Werner (ed.), 1982. *Sprachtheorie und Angewandte Linguistik: Festschrift für Alfred Wollmann zum 60. Geburtstag.* Tübingen: Narr, 67-74.

Vater, Heinz, 1983. Zum deutschen Tempussystem. In: Askedal, John O./ Christensen, Christen / Findreng, Adne / Leirbukt, Oddleif (eds.), 1983. *Festschrift für Laurits Saltveit zum 70. Geburtstag am 31. Dezember 1983.* Oslo / Bergen / Tromsö: Universitetsforlaget, 201-214.

Vater, Heinz, 1984a. Zur Pragmatik der Determinantien. In: Stickel, G. (ed.), 1984. *Pragmatik in der Grammatik. Jahrbuch 1983 des Instituts für deutsche Sprache.* Düsseldorf: Schwann (= *Sprache der Gegenwart* LX), 206-223.

Vater, Heinz, 1984b. Determinantien und Quantoren im Deutschen. *Zeitschrift für Sprachwissenschaft* 3:19-42.

Vater, Heinz, 1984c. Referenz und Determination im Text. In: Rosengren, Inger (ed.), 1984. *Sprache und Pragmatik. Lunder Symposium 1984* (= *Lunder germanistische Forschungen* 53), 323-344.

Vater, Heinz, 1986. *Einführung in die Referenzsemantik.* Köln: Universität Köln (= *KLAGE* 11).

Vater, Heinz, 1989. NP or DP - That is the Question. Erscheint in: Payne, John (ed.). *Noun Phrase Structure: Empirical Approaches to Language Typology.* The Hague: Mouton.

Vater, Heinz, 1990. Referenzrelationen in Texten. Erscheint in: Brinker, K. (ed.) .

Vater, Heinz. 1991a. *Einführung in die Raum-Linguistik.* Hürth: Gabel (= *KLAGE* 24).

Vater, Heinz, 1991b. *Einführung in die Zeit-Linguistik.* Hürth: Gabel (= *KLAGE* 25).

Viehweger, Dieter, 1976. Semantische Merkmale und Textstruktur. In: Daneš, Frantisek / Viehweger, Dieter (eds.), 1976:195-206.
Viehweger, Dieter, 1977. Zur semantischen Struktur des Textes. In: Daneš, Frantisek / Viehweger, Dieter (eds.), 1977:103-117.
Viehweger, Dieter, 1985. Handlungsplan und Textstruktur. In: Hlavsa, Zdenek / Viehweger, Dieter (eds.), 1985:1-9.
Vonk, Wietske, 1985. The immediacy of Inferences in the Understanding of Pronouns. In: Rickheit, Gert / Strohner, Hans (eds.), 1985:205-218.
Watzlawick, Paul (ed.), 1981. *Die erfundene Wirklichkeit. Wie wissen wir, was wir zu wissen glauben? Beiträge zum Konstruktivismus.* München, Zürich: Piper.
Watzlawick, Paul / Beavin, Janet H. / Jackson, Don D., 1967. *Pragmatics of Human Communication. A Study of Interactional Patterns, Pathologies, and Paradoxes.* New York: Norton.
Wawrzyniak, Zdislaw, 1980. *Einführung in die Textwissenschaft.* Warschau: Panstwowe Wydawnictwo Naukowe.
Weigand, Edda / Hundsnurscher, Franz (eds.), 1989. *Dialoganalyse II. Referate der 2. Arbeitstagung Bochum 1988.* Tübingen: Niemeyer (= *LA* 229/230).
Weinreich, Uriel, 1966. Explorations in Semantic Theory. In: Sebeok, Thomas (ed.), 1966. *Current Trends in Linguistics* 3:395-477.
Weinrich, Harald, 1964. *Tempus: Besprochene und erzählte Welt.* Stuttgart: Kohlhammer. Zweite, völlig neu bearb. Auflage 1971.
Weinrich, Harald, 1978. *Die Textpartitur als heuristische Methode.* In: Dressler, Wolfgang (ed.), 1978a: 391-412.
Weiss, Daniel, 1975. Topic und ein seltsamer Comment (Zu: Sgall et al. 1973). *Linguistische Berichte* 36: 24-36.
Werlich, Egon, 1979[2]. *Typologie der Texte.* Heidelberg: Quelle & Meyer (= *UTB* 450).
Wettler, Manfred, 1980. *Sprache, Gedächtnis, Verstehen.* Berlin/New York: de Gruyter.
Whorf, Benjamin L., 1937. Grammatical categories. In: Carroll, John B. (ed.), 1956. *Language, Thought, and Reality. Selected Writings of Benjamin Lee Whorf.* Cambridge/Mass.: The M.I.T. Press, 87-101.
Wiese, Richard, 1983. *Psycholinguistische Aspekte der Sprachproduktion. Sprechverhalten und Verbalisierungsprozesse.* Hamburg: Buske.

Williams, E., 1980. Predication. *Linguistic Inquiry* 11:203-238.

Wimmer, Reiner, 1979. *Referenzsemantik*. Tübingen: Niemeyer (= *RGL* 19).

Wittgenstein, Ludwig, 1967. *Philosophische Untersuchungen*. Frankfurt: Suhrkamp.

Wunderlich, Dieter, 1970a. Über Zeitreferenz und Tempus. *Linguistische Berichte* 6:1-20.

Wunderlich, Dieter, 1970b. *Tempus und Zeitreferenz im Deutschen*. München: Hueber (= *Linguistische Reihe* 5).

Wunderlich, Dieter, 1971. Pragmatik, Sprechsituation, Deixis. *LiLi* 1/2:153-190.

Wunderlich, Dieter, 1972. Probleme einer linguistischen Pragmatik. In: Holzer, Horst / Steinbacher, Karl (eds.), 1972. *Sprache und Gesellschaft*, Hamburg: Hoffmann und Campe, 173-187.

Wunderlich, Dieter, 1974. *Grundlagen der Linguistik*. Reinbek: Rowohlt.

Wunderlich, Dieter, 1976. *Studien zur Sprechakttheorie*. Frankfurt: Suhrkamp (= *stw* 172).

Wunderlich, Dieter, 1979. Was ist das für ein Sprechakt? In: Grewendorf, Günther (ed.), 1979:275-324.

Wunderlich, Dieter, 1982. Sprache und Raum. *Studium Linguistik* 12:1-19; 13:37-59.

Wygotski, Lew S., 1964. *Denken und Sprechen*. Berlin: Akademie-Verlag.

8. Quellenverzeichnis

Bach, Adolf, 1970⁹. *Geschichte der deutschen Sprache.* Heidelberg: Quelle & Meyer.; Ausschnitt S. 354.

Barlach, Ernst, 1969. *Die Briefe. Bd. II.* München: Piper; Ausschnitt S. 84.

Bartsch, Kurt, 1968. *Sozialistischer Biedermeier.* In: *zugluft. gedichte, sprüche, parodien.* Berlin: Aufbau; S. 3f.

Brecht, Bertolt. Die Moritat von Mackie Messer. Aus: *Die Dreigroschenoper.* In: Hecht, W. et al. (eds.), 1988. *Bertolt Brecht. Große kommentierte Berliner und Frankfurter Ausgabe, Bd. II, Stücke 2.* Berlin: Aufbau & Frankfurt: Suhrkamp: 232f.

Enzensberger, Hans Magnus, 1969. Verkehrte Welt. In: *Allerleirauh.* Frankfurt a.M.: Suhrkamp; S. 279-281; Ausschnitt S. 281.

Fontane, Theodor. Die Brück' am Tay. In: Keitel, W. (ed.), 1964. *Theodor Fontane. Sämtliche Werke, Bd. VI.* München: Hanser; 285.

Goethe, Johann Wolfgang von. Wanderers Nachtlied. In: Trunz, E. (ed.), 1949 (1964⁷). *Goethes Werke. Hamburger Ausgabe in 14 Bänden, Bd. I.* Hamburg: Wegner; S. 142.

Gomringer, Eugen, 1969. Schweigen. In: *Worte sind Schatten.* Hamburg: Rowohlt; S. 27.

Hardy, Thomas. *Wessex Tales and a Group of Noble Dames.* London 1977: Macmillan; Ausschnitt S. 30. (Dt. Übers. nach Beaugrande / Dressler 1981).

Heine, Heinrich. *Deutschland. Ein Wintermärchen.* In: Windfuhr, M. (ed.), 1973. *Heinrich Heine. Historisch-kritische Gesamtausgabe der Werke, Bd. 4.* Hamburg: Hoffmann & Campe; S. 89-157; Ausschnitt S. 92.

Heine, Heinrich. *Die Harzreise.* In: Windfuhr, M. (ed.), 1972. *Heinr. Heine. Hist.-krit. Gesamtausgabe der Werke, Bd. 6.* Hamburg: Hoffmann & Campe; S. 81-138; Ausschnitt S.84.

Henkys, Jürgen. Altes Klassenfoto. In: Hamm, P. (ed.), 1966. *Aussichten. Junge Lyriker des deutschen Sprachraumes.* München: Biedenstein-Verlag; S. 15f.

Kleist, Heinrich von. *Der zerbrochene Krug. Ein Lustspiel.* In: Sembdner, H. (ed.), 1961. *Heinrich von Kleist. Sämtliche Werke und Briefe, Bd. I.* Darmstadt: Wissenschaftliche Buchgesellschaft; S. 175-244; Ausschnitt S. 225f.

Kölner Stadtanzeiger. Kölnische Zeitung. Köln: DuMont Schauberg.

Kuhlmann, Quirinus. Der XXXVII Liebes-kuß. In: Biehl-Werner, B. (ed.), 1971. *Quirinus Kuhlmann. Himmlische Libes-küsse.* Tübingen: Niemeyer; S. 44.

Kunze, H. (ed.), 1943. *Dunkel war's, der Mond schien helle.* München: Heimeran.

Lichtenberg, Georg Christoph. Aphorismen. In: Plett, P., o. J. *Georg Christoph Lichtenberg. Werke in einem Band. Mit einem Nachwort von C. Brinitzer.* Hamburg: Hoffmann & Campe; Ausschnitt S. 87.

Lichtenstein, Alfred. Die Dämmerung. In: Kanzog, Klaus (ed.), 1962. *Gesammelte Gedichte.* Zürich, 1962: Arche; S. 44.

Mann, Thomas. *Der Tod in Venedig.* In: Mendelssohn, P. von (ed.), 1981. *Gesammelte Werke in Einzelbänden. Frankfurter Ausgabe, Bd. 5. Frühe Erzählungen.* Frankfurt a.M.: Fischer; S. 559-641; Ausschnitt S. 641.

Morgenstern, Christian. Das große Lalula. In: Cureau, M. (ed.), 1990. *Christian Morgenstern. Kommentierte Ausgabe, Bd. III. Humoristische Lyrik,* . Stuttgart: Urachhaus; S. 61.

Morgenstern, Christian. Fisches Nachtgesang. In: Morgenstern, Margareta (ed.), 1965. *Christian Morgenstern. Gesammelte Werke in einem Band.* München: Piper; S. 225.

Röhrich, L., 1980. *Der Witz. Figuren, Formen, Funktionen.* München: dtv (= *dtv* 1564).

Schiller, Friedrich von. Der Taucher. In: Petersen, J. / Beißner, F. (eds.), 1943. *Schillers Werke. Nationalausgabe, Bd. I. Gedichte in der Reihenfolge ihres Erscheinens 1776-1799.* Weimar: Hermann Böhlaus Nachfolger; S. 372-376; Ausschnitt S. 373.

Schwitters, Kurt. Beingrenzen. In: Lach, F. (ed.), 1973. *Kurt Schwitters. Das literarische Werk, Bd. I. Lyrik.* Köln: DuMont Schauberg; S. 44.

Schwitters, Kurt. Cigarren [elementar]. In: Lach (ed.), 1973; 199.

Stramm, August. Traum. In: Radrizzani, R. (ed.), 1963. *August Stramm. Das Werk.* Wiesbaden: Limes; S. 21.

Stramm, August. Wunder. In: Radrizzani, R. (ed.), 1963; S. 32.

Stramm, August. Patrouille. In: Radrizzani, R. (ed.), 1963; S. 86.
Timm, Uwe. Die gute alte Zeit. In: Conrady, Karl Otto (ed.), 1985².
Das große deutsche Gedichtbuch. Königstein: Athenäum; S. 1091.

9. Sachregister

Aktionsart 90, 123
Akzeptabilität 52f., 64
Alltagsdialog 163
Alltagsgespräche s. Alltagsdialog
Anaphora 147
Anaphorik 130
anaphorisch 118
Anfang 95, 147
Aspekt 15, 160
äußerer Kern 146
Beibehaltung 147
Brief 11, 165, 167, 170
Briefsorten 162, 167
Comic 14, 18
deiktisch 118
Deixis 127
Dialog 12, 14, 36, 51, 57
dialogisch 16, 163, 169
Domäne 145f.
Einführung 146f., 157
Eingang 147
einsätzig 16
Ellipse 35ff., 42, 49
Ereignis 49, 87, 89, 109, 116, 119, 129, 135, 138f., 141ff., 149ff., 156, 174
Ereignisreferenz 115f., 142, 149, 155, 157
Ereigniszeit 92, 141
Fokus 102
Fortführung 146, 157
Gebrauchstext 164, 167
Gegenstandsreferenz 115, 129, 137, 157
GEI 83f.

generisch 147
Gesprächspartner 172
Gleichzeitigkeit 138f., 149f.
Handlung 92, 138, 144f., 167
Handlungsspiel 22
Haupt- und Nebenstruktur 107, 144
Hauptereignis 150
Hauptstruktur 102, 149f.
Hintergrund 102, 141, 151
Horizont 82
Illokution 80, 114f.
Inferenz 39, 52, 60, 72, 143, 151ff.
Inferenzziehung 143, 174
Information 24, 89f., 92f., 97, 103, 120, 144, 150f.
Informativität 55ff., 64, 94
Inklusionsbeziehungen 139
innerer Kern 146
Intention 39, 58, 169f.
Intentionalität 50, 52f., 64
Interaktion 25, 30, 146
Interpretation 39f., 42, 66, 76, 83, 89, 121, 132, 143, 151, 153
Intertextualität 58f., 73
Junktion 39
Kognition 118f.
Kognitionswissenschaft 43f., 154
Kohärenz 18, 20f., 32f., 35, 41ff., 50ff., 65ff., 70, 76, 84, 95, 137, 144
Kohärenzbeziehungen 33, 44, 47, 49, 133

Kohäsion 18f., 32f., 35, 39, 41f., 49ff., 65, 67f., 70, 80, 82, 84, 104
Kohäsionsmittel 35f., 38ff., 49, 82, 84
kohäsive Mittel 21, 35f., 38, 42, 84
Kommunikation 16f., 25, 50, 64, 109, 166f.
Kommunikationsakt 22, 76, 167
kommunikationsorientiert 162
kommunikationsorientierte Textlinguistik 21f.
Kontext 24, 52, 63, 66, 76, 146, 151ff.
Kontextabhängigkeit 152f.
Konzept 43ff., 85, 90, 115, 118ff., 129, 134
Konzeptstruktur s. konzeptuelle Struktur
konzeptuelle Struktur 118f.
Koordination 83, 132
Koreferenz 34ff., 38, 42, 104, 133f., 137ff., 142, 154, 157
Kotext 160
Langzeitgedächtnis 87
Literaturwissenschaft 8, 62, 159
logische Struktur 21
Makro-Sprechakt 30
Makroebene 88
Makroproposition 93
Makroregeln 87f., 91, 93, 175
Makrostruktur 74, 86ff., 91ff., 95f., 105, 162, 175
mehrsätzig 16
Menge 35, 113, 153, 160

Merkmal 15, 44, 50, 53, 57, 122, 130, 145, 151, 160, 162, 164f., 167, 171ff.
Mikroebene 88
Mikrostruktur 87f., 105
modale Eigenschaften 145, 147
monologisch 16, 163, 169
mündlich 16
Nachzeitigkeit 139, 149
Nebenstruktur 102f., 107, 147, 150f., 157, 174
Netzwerk 44, 47, 75, 135, 137, 156
Netzwerkdarstellung 44, 46, 48
Nicht-Text 17, 19, 20, 32, 66
nichttextualisierte Verstehensvorgänge s. Inferenz
NP 37, 111, 120, 129ff., 134, 137f., 153f., 157
Oberflächenstruktur 21, 45
Oberflächentext 32
Ort 119, 126, 128, 144, 156
Ortsreferenz 126, 174
Paraphrase 21
Person 62, 135, 137, 144f., 150f., 170
Plan des Textes 21
Prädikat-Argument-Beziehung 138
Prädikation 114, 154
Pragmatik 21, 111
Produzent-Produkt-Beziehung 104, 134, 138
Proform 118
Pronomen 19f., 33ff., 38, 49, 68, 80, 129f., 137
Pronominalisierung 20
Proposition 77, 80, 85, 87ff., 92, 103, 105, 114ff., 145f.

Pseudotext s. Nicht-Text
Quaestio 101ff., 106, 144, 147, 149f., 174
Raum 144, 145
Referent 92, 110, 131, 154
referentiell 84, 110f., 119, 132, 139, 146f., 153f., 157, 174, 176
referentielle Bewegung 144, 146f., 150, 157f.
Referenz 35, 42, 82, 109ff., 114, 115f., 118, 126, 129, 131, 133f., 138, 142f., 151, 153f., 158, 174
Referenzanalyse 154, 175
Referenzbeziehung 35, 62, 103, 110, 126, 133ff., 138f., 143f., 155
Referenzidentität s. Koreferenz
Referenzrelation s. Referenzbeziehung
Referenzzeit 69, 92, 141
Rekurrenz 18, 20, 35f., 42, 49, 84, 130
Repräsentation 118
Rezipient 22, 52, 54, 56, 58, 63, 65f., 95, 130, 143, 151ff., 163, 175
Rhema 74, 93, 96ff., 106, 150
rhematisch 97, 102, 150f.
Sachverhalt 114, 147, 150f.
Satz als minimale Struktureinheit 75
Satzfolge 18, 28, 40, 80, 84, 86, 143
Schema 32, 91, 93
schriftlich 15, 16, 24, 26
Schriftlichkeit 14f.
Script s. Schema

Sinn 22, 43, 82, 86f., 111ff.
Sinnkontinuität 42f., 84
Situationalität 57f., 64, 72
spontan 163, 172
Sprechakt 16, 23, 30, 78ff., 103, 114
Sprecherwechsel 35
Sprechzeit 69, 127, 141
Sprechzeitpunkt 150
Substitution 35, 38, 42, 86
Superkonzept 90
Szenario s. Schema
Teilmenge 153f.
Temporalreferenz s. Zeitreferenz
Text als Prozeß 31
Text als Vorgang s. Text als Prozeß
Text-in-Funktion 22
Textanfang 95, 102, 141
Textaufbau s. Textkonstitution, Textstruktur
Textbasis 21
Textbestimmung 16, 20
Textdefinition 20, 25f., 31, 160, 174
Textgebilde 23
Textgrammatik 9, 42
textkonstituierend 20
Textkonstitution 9f., 19, 21, 30f., 133, 161
Textlichkeit s. Textualität
Textlinguistik 8ff., 16, 18, 20, 62, 96, 103, 154
textlinguistisch 95, 98
Textmenge 91
Textoid s. Nicht-Text
Textpragmatik 9

Textproduktion s. Textkonstitution
Textproduzent 51, 144
Textrezeption 9, 52, 75, 152
Textrezipient s. Rezipient
Textsemantik 10
Textsorte 8, 17, 25, 52, 58, 86f., 159ff., 171, 174
textsortenabhängig 19
Textsortenklassifikation 17, 161f., 167, 171
Textsyntax 10
Textthema 24, 74, 93, 96, 101, 174
textthematisch 21
Texttiefenstruktur 21
Textualität 23, 25, 31, 50, 52, 64, 174
Textualitäts-Kriterium 32, 41, 50, 52, 58, 64f.
Textur s. Textualität
texture s. Textualität
Textverstehen 9f., 154, 175
Textwelt 32, 42f., 45

Textwissenschaft 8f.
Textzusammenhang 18, 21, 34, 43, 74, 83f., 87, 137, 153, 161
Thema 24, 46, 53, 56f., 64ff., 74, 90, 93ff., 105f., 174
Themasatz 95
thematisch 22, 26, 97, 102, 150
Themawort 95
Tiefenstruktur 21, 32
Titel 21, 60, 65, 95
type 119ff., 151
Verknüpfung 87, 147
Vollständigkeit 16, 165
Vorzeitigkeit 139
Wechsel 147
Weltwissen 34, 62f., 82, 131, 152f.
Zeitintervall 49, 138, 147
zeitliche Aufeinanderfolge 139
Zeitreferenz 121, 124, 126, 129, 135, 138, 140, 149f., 154